한·중 접속문 대조 연구
─논리 인과 접속문을 중심으로─

한·중 접속문 대조 연구

－논리 인과 접속문을 중심으로－

송 엽 휘

역락

머리말

이 책은 필자가 2008년에 인하대학교 박사학위논문으로 제출한 바 있는 「한·중 접속문 대조연구」를 주요 내용으로 하여 내용을 약간 보태어 다듬은 것이다.

차이점이 많은 한국어와 중국어의 접속표현에 대해서 정확하게 이해하는 것은 결코 쉬운 일이 아니다. 따라서 외국인의 한국어 표현에서 잘못된 접속문을 종종 발견할 수 있다. 필자도 한국어를 배우는 중국인으로서 같은 고민을 안고 있었다. 인하대 중국어학과에서 한국인 학생들에게 중국어 글짓기를 강의할 때 학생들이 만든 어색한 접속문을 보면서 그들의 어려움을 덜어 주고 싶은 마음에 박사학위논문 주제를 한·중 접속문 대조로 정했다. 이 주제에 대해서 깊이 들어갈수록 더 많은 흥미를 느꼈으나 미처 예상하지 못했던 어려움도 적지 않았다. 언어의 중요한 문법범주인 접속은 한국어와 중국어 학계에서 모두 주목을 받아왔지만 접속문의 범주, 분류 등 문제에 대해서 의견이 분분한 상황이었다. 게다가 한국어와 중국어 접속문에 대한 대조 연구가 본격적으로 진행되지 않아서 이 부분을 연구하려면 한국어학 지식뿐만 아니라 중국어학 지식, 대조언어학 이론도 필수적이었다. 이러한 어려움 속에서도 이 주제를 끝까지 밀고 나갈 수 있었던 것은 모두 지도교수님의 조언 덕분이었다. 박사학위논문을 쓰는 과정 중에 이 주제에 관한 소논문을 몇 편 투고하면서 심사를 맡으신 고마운 교수님들에게서도 많은 도움을 받았다.

이 책에서는 한국어와 중국어 접속문의 일반적 특성을 밝히고 선·후행절의 시간 관계, 논리 관계, 의미 관계에 따라 한국어의 접속문을 다시 분류하였다. 새롭게 정리된 접속문에 대한 분류 중에 특히 선·후행절이 논리 인과 관계를 나타내는 원인·결과 접속문, 조건·결과 접속문, 양보·결과 접속문을 통사·의미적 차원에서 중국어 해당 표현과 대조 분석을 해 본 결과 한·중 접속문의 특성과 차이점이 명확히 드러날 수 있었다. 따라서 양 언어의 학습 과정에서 발생하는 접속문의 차이로 인한 오류 극복에도 도움이 될 것으로 기대한다. 당초의 욕심대로라면, 이 책에서 모든 유형의 접속문을 일일이 대조하고 싶었지만 필자의 역량 부족으로 이에 대한 세부적인 논의가 전면적으로 이루어지지 못했다.

십여 년 전에 한국어를 전혀 몰랐던 필자를 오늘날 학도로서의 작은 걸음을 내딛을 수 있도록 많은 분들이 따뜻한 사랑과 끊임없는 응원을 주셨다. 이 자리를 빌려 그분들께 감사의 마음을 전하고자 한다.

먼저 한국말이 서툰데다가 철없는 필자를 어엿한 박사로 키워주신, 영원한 스승이신 안명철 선생님께 진심으로 감사드린다. 선생님께서 몸소 보여주신 학자로서의 엄밀함과 스승으로서 제자에 대한 다함없는 사랑은 이루 말할 수가 없다. 좌절과 어려움이 많았던 유학생활을 무사히 마치고 귀국할 수 있었던 것은 모두 지도교수님의 덕분이다. 선생님으로부터 진정한 학자의 마음가짐과 삶을 대하는 성실한 태도, 그리고 제자에 대한 따뜻한 사랑을 배웠다. 학문과 삶에 대한 선생님의 가르침을 마음 속 깊이 새기며 선생님과 같은 학자와 스승이 되도록 최선을 다할 것이다.

필자에게 끊임없는 사랑을 주시고 중국어에 대해 더 깊이 알 수 있는 기회를 주신 백은희 선생님께 감사드린다. 넓은 아량으로 필자의 유학생활의 시작과 마지막을 모두 지켜봐 주시고 도움을 주신 김문창 선생님, 홍정선 선생님, 정승철 선생님, 최원식 선생님을 비롯한 모든 인하대 국어국문학과 교수님께도 감사를 드린다. 또한 연구와 강의로 바쁘신 와중에도 필자의 학위논문 심사를 흔쾌히 맡아 주시고, 격려와 함께 논문의 세세한 부분까지 꼼꼼하게 지적해 주신 이은경 선생님, 박기영 선생님께도 감사드린다. 이외 필자의 유학생활에 도움을 주신 모든 분들에게 감사의 뜻을 전하고 싶다. 끝으로 이 책의 출판을 선뜻 맡아 주신 역락 출판사 이대현 사장님과 이 글을 정성껏 편집하여 세상의 빛을 볼 수 있도록 힘써 주신 권분옥 선생님께도 진심으로 감사드린다.

2011년 6월

송 엽 휘

차례

1.1. 연구 목적

한국어와 중국어는 유형학적으로 각각 굴절어와 고립어에 속하며 언어적 계통이 서로 다른 언어이기 때문에 한국어와 중국어를 대조하고 이들의 대조 양상을 잘 분석하는 것은 상대국 언어의 특성에 대한 파악과 자국 언어에 대한 객관적인 인식에 매우 중요하다. 뿐만 아니라 인류 언어의 공통점과 발전 규칙 등을 찾아내는 데에도 도움이 된다.

한국에서 한국어와 중국어에 대한 대조 연구는 정기엽(1976), 노동선(1976) 등 음운론을 다룬 두 편의 논문을 비롯하여 1970년대부터 연구가 활발하게 진행되어 왔다.[1] 중국에서 한국어와 중국어에 대한 본격적인 대조 연구는 1980년대를 전후로 시작되었다. 이 시기의 연구는 주로 한자어와 한자음의 대조 등에 대해서 많이 다루었고 피동문, 사동문, 연어,

---

[1] 이외에 성원경(1988), 허벽(1991), 이상대(1996), 강충희(1998), 김영순(2003), 마홍염(2004), 장현주(2006) 등이 있다.

동사, 형용사 등에 대한 문법론적 연구도 진행하였다.[2] 접속문도 매우 중요한 문법 범주인데 이에 대한 대조 연구는 본격적으로 진행되지는 않고 있다.[3]

접속은 언어의 중요한 문법범주이지만 한국어와 중국어의 접속에는 많은 차이가 있어 한국어와 중국어의 접속표현에 대해서 정확하게 이해하는 것은 결코 쉬운 일이 아니다. 한국어와 중국어의 접속문에 대한 이해를 위해 본고에서는 한국어와 중국어 접속문의 일반적 특성을 밝히고 그 다음에 선·후행절의 시간 관계, 논리 관계, 의미 관계에 따라 한국어의 접속문을 다시 분류할 것이다. 이와 같이 새롭게 정리된 접속문에 대한 분류 중에 특히 선·후행절이 논리 인과 관계를 나타내는 원인·결과 접속문, 조건·결과 접속문, 양보·결과 접속문을 통사·의미적 차원에서 중국어 해당 표현과 대조분석을 해 보고자 한다.

이 연구를 통하여 한·중 접속문의 특성과 차이점이 명확히 드러날 수 있을 것으로 기대하며 나아가 양 언어의 학습 과정에서 발생하는 접속문의 차이로 인한 오류 극복에도 큰 도움이 될 수 있을 것으로 생각한다.[4]

---

2) 중국에서 한국어와 중국어에 대한 초기의 연구는 許維翰(1978), 車光一(1984), 張興權(1984), 權奇英(1984), 崔奉春(1989) 등 주로 조선족 출신의 학자에 의해 이루어졌으나 최근 몇 년 사이에 한국어와 중국어의 대조 연구는 점점 많은 국내외 언어학자의 관심을 이끌었다. 중국의 국가급 프로젝트 柳英綠(2000), 金奉民(2007), 施暉(2009) 등은 각각 양국 언어의 화행, 동사의 자릿수, 언어문화에 대한 대조연구이다. 박건영(1994), 노명주(2002) 등은 중국어의 피동문, 사동문 등에 대한 연구이다. 연어에 대한 연구는 최순희(2005), 왕단(2007) 등이 있다.
3) 한국어의 접속문에 해당하는 중국어 용어는 '複句'인데, 이에 대한 자세한 내용은 제2장에서 상술한다.
4) 아래 예문은 외국인으로서 한국어와 중국어를 배울 때, 흔히 잘못 표현하는 문장이다.

1.2. 연구 대상

접속은 단어, 절, 문장 등을 연결하는 언어현상이다.

> (1) a. 형과 동생이 아침에 운동을 한다.
> b. 운동을 하면서 이야기를 나눈다.
> c. 재미있는 이야기를 했다. 그래서 둘이 모두 웃었다.

위의 예문 (1a)에서의 '과'는 앞의 단어와 뒤의 단어를 연결하는 조사이다. (1b)에서의 '-면서'는 문장의 선행절과 후행절을 연결하는 접속어

---

(1) 중국어를 배우는 한국인 학생의 경우
 a. 내가 한자를 배울 뿐만 아니라 중국노래도 배운다.
 b. 我不但学汉字, 还学中文歌曲。
 c. *不但我学汉字, 还我学中文歌曲。
(2) 한국어를 배우는 중국인 학생의 경우
 a. 我没时间, 你自己去吧。
 b. 내가 시간이 없으니까 너 혼자 가라.
 c. *내가 시간이 없어서 너 혼자 가라.

위의 예문은 대학교에서 해당 외국어를 전공하는 4학년 학생이 자주 틀리는 문장이다. 중국어를 배우는 대부분 한국인 학생은 예문 (1a)를 (1c)와 같이 표현하였다. 하지만 (1a)에 해당하는 적절한 표현은 (1b)이다. 중국어에서 '不但'은 선·후행절이 동일주어를 갖는 경우에는 선행절 주어 뒤에 나타나야 하며 후행절의 '还'은 항상 후행절 주어 뒤에 나타난다. 그리고 선·후행절이 동일주어를 갖는 경우, 후행절에서 주어를 생략하는 것이 더 보편적이고 자연스럽다. 이는 중국어 접속문에서 접속 표지의 위치가 일정하지 않으며 한국어의 접속어미와 위치가 다르기 때문이다.

한국어를 배우는 중국인 학생은 예문 (2a)를 (2b)와 (2c)로 표현하였다. 한국어에서 원인·결과 관계를 나타내는 접속어미 '-아서'는 명령문에 사용되지 않기 때문에 (2c)는 비문이다. 하지만 대부분 중국인 학생들은 '-아서'와 '-니까'의 차이를 모르고 있다. 중국어에서는 원인·결과 관계를 나타내는 접속 표지가 모든 종결형의 문장에 사용될 수 있으므로 이런 문제를 중요시하지 않았기 때문이다.

미이다. (1c)에서의 '그래서'는 앞의 문장과 뒤의 문장을 연결하는 부사이다.

이것 외에 '-ㄴ 반면', '-기 때문에' 등 문장에서 접속어미 구성과 유사한 통사적 특성을 보이는 구성도 적지 않다.

> (2) a. 그분이 <u>바쁜 관계로</u> 내일 오실 수 없게 됐다.
>   b. 그분이 바빠<u>서</u> 내일 오실 수 없게 됐다.

> (3) 모든 일에는 순서가 있<u>을 뿐만 아니라</u> 근거가 있어야 한다.

예문 (2a)의 '-ㄴ 관계로'는 (2b)의 '-아서'와 유사하게 선행절과 후행절을 원인·결과로 연결하고 있지만, '-아서'에 비해 '-ㄴ 관계로'로 연결된 (2a)의 선행절의 사태가 보다 공식적이고 객관적인 원인이라는 세부적인 의미를 표현해 낸다.5) 예문 (3)의 '-ㄹ 뿐만 아니라'와 의미가 비슷하고 이를 대체할 수 있는 접속어미를 찾지 못하였다. 위의 예문 (2), (3)에서 접속문의 선·후행절은 접속어미에 의해 연결된 것이 아니라 '-ㄴ 관계로', '-ㄹ 뿐만 아니라' 등 접속어미와 유사한 통사적 특성을 보이는 구성으로 연결되어 있다. 이은경(1998)에서는 이들을 '의사-연결어미' 또는 '준-연결어미'로 부를 것을 제안하였다. 본고에서도 이들을 의사 접속어미로 부르기로 한다. 이에는 '-ㄴ 관계로', '-ㄴ 까닭에', '-ㄴ 후에', '-ㄴ 동시에', '-ㄴ 바람에', '-ㄹ 경우(-ㄴ 경우)', '-ㄹ 때' 등과 같은 명사구 보문 구성,6) '-기 때문에', '-기 전에'와 같이 명사형 어미

---

5) 채숙희(2002) 참조.
6) 우형식(1996)에서는 이를 '접속 기능의 명사구'라고 하였으며, 채숙희(2002)에서는 명사를 중심으로 하나의 단위처럼 고정적으로 쓰이면서 접속어미처럼 연결 역할을 하

에 명사와 조사가 결합한 구성, '-기에', '-기로'와 같이 명사형 어미와 조사가 결합한 구성, '-ㅁ에도 불구하고', '-기 위하여'와 같이 명사형 어미와 활용이 제약된 동사의 활용형이 결합한 구성 등이 있다.

위의 예문 (2), (3)에서 알 수 있듯이, 한국어에서 의사 접속어미가 자주 쓰이는 것은 이들이 접속어미만으로는 표현할 수 없는 어떠한 세부적인 의미 관계를 표현할 수 있기 때문이다. 이러한 의사 접속어미는 접속어미의 '공백'을 채워 주고 한국어의 접속체계를 보완해 주는 깊은 의미를 지니고 있다. 본고에서는 '-면서', '-니까', '-아도' 등 접속어미와 이와 관련된 의사 접속표현도 함께 해당 중국어 표현과 대조할 것이다.[7] 다만 '그리고', '그런데', '및' 등 문장부사에 의한 접속표현, '와 / 과', '랑', '하고' 등 조사에 의한 접속표현, '겸', '및' 등 접속부사에 의한 접속표현은 논외로 한다.

는 '관형사형 어미+명사(+조사)'의 통사적 결합체를 '연결어미 상당의 명사구 보문 구성'라고 하고 이런 결합체는 연결어미로 굳어져 가는 과정 중에 있는 것으로 보았다.

7) 이은경(1998)은 '철수는 책을 찾으러 도서관에 갔다.'와 같은 문장에서 접속어미 '-러'가 연결하는 대상은 '책을 찾-'이라는 절과 '도서관에 가-'라는 동사구라고 한다. 따라서 그 이후의 연구는 '동사구 접속어미'와 '절 접속어미'로 나눠서 진행되는 경우가 많다. 하지만 주어가 실현되지 않은 경우에도 주어를 상정할 수 있으면 역시 절이라고 할 수 있어서 본고에서는 논의의 편의를 위해 동사구와 절을 구분하지 않고 모두 절로 간주하여 다루기로 한다.

1.3. 선행 연구

1.3.1. 한국어 접속문 연구

한국어 접속문에 대한 연구성과는 1970년을 전후로 해서 크게 나눠서 살펴볼 수 있다. 1910년대부터 1960년대 말까지는 접속문 구성의 체계화 모색 시기이며 접속문 구성에 대한 구체적인 형태·통사·의미론적 연구는 1970년부터 시작되었다고 볼 수 있다.[8]

1.3.1.1. 1970년 이전의 연구

1970년 이전의 접속문에 대한 연구는 유길준(1909)부터 시작하여 김규식(1909), 주시경(1910, 1913), 김두봉(1916, 1922), 최현배(1937), 김근수(1947), 박태윤(1948), 정인승(1949), 김민수(1960, 1969) 등이 있다. 이 시기의 연구는 주로 접속 형태에 대한 문법적인 판단과 접속어미의 하위분류를 시도하는 것에 집중되었다. 하지만 이런 연구들은 접속어미의 성질에 대한 과학적인 인식이 부족할 때에 진행되었기 때문에 접속어미, 접속사의 개념이 모호하며 하위분류에도 여러 가지 문제가 있었다.

한국어 접속문에 대한 최초의 연구인 유길준(1909)에서는 접속사를 "언어의 중간에 삽입하야, 전후 승접하고 상하 연속하야 其意를 상통하는 語"라고 정의하고 하나의 품사로 설정하였으며 순체(順体)접속사와 반체(反体)접속사를 그 하위 범주로 세우었다.[9] 그러나 상세한 하위 범주를

---

8) 접속문의 연구사에 대한 연구로는 권재일(1991), 허재영(1996) 등 참조.

9) 유길준(1909)은 순체접속사는 어구를 순접하여 그 뜻을 상통하는 것으로 이에 '-고

설정하지 않았고 그 분류는 하나의 기준이 일관되게 적용되어 있지 못하며 접속사의 체계가 단일하게 갖추어지지 않았다는 문제점이 있다.[10)

김규식(1909)에서는 접속사를 동등(同等)접속사와 상속(相屬)접속사로 나누고며 동등접속사의 하위범주를 '증가적 접속사'와 '반대적 접속사'로 나누고 상속접속사의 하위범주를 '연유적 접속사', '가정적 접속사'와 '시기적 접속사'로 나누었다. 이 중에서 접속의 기능을 하는 것으로 보기 어려운 '동안은' 등의 단어도 포함되어 있어 접속사가 단일한 체계를 이룬다고 보기 어렵다.

주시경(1910, 1913)에서는 접속어미를 독립된 문법단위인 '잇'으로 설정하여 '잇'을 '한 말이 한 말에 잇어지게 함'이라 정의하고 '잇'이 갖는 의미에 따라 접속문을 모두 11가지로 분류하였다. 하지만 음운적인 환경에 따라 달리 나타나는 이형태도 별개의 접속어미로 간주하였다. 예를 들면, '거짓'에는 '-면', '-으면', '-이면', '-거든', '-어든'이 포함되고 이 밖에 '와', '과' 등 접속조사도 '잇'으로 다루었다.

김두봉(1916)에서는 접속어미를 모두 22가지로 분류하였다. 이 분류도 주시경(1910, 1913)과 같이 이형태를 별개의 접속어미로 간주하며 일부 접속어미가 아닌 구성도 '잇'에 포함되었다. 또한 접속어미와 조사의 구분이 명확하지 않았다.

최현배(1937)에서는 이전의 문법책에서 품사의 단위로 설정되었던 어미를 용언의 활용형으로 처리하였다. 용언을 우선 어간과 어미로 분석하

로', '-면'을, 반체접속사는 어구를 연결하면서 그 뜻을 서로 상반되게 하는 것으로 이에 '-나', '-언정'을 들어 설명하였다. 이 밖에 '정체접속어', '연체접속어' 등 지금의 격조사에 해당하는 것도 접속어의 하위분류로 하였다.

10) 김선영(2003) 참조.

고서 마침법(종결어미), 감목법(전성어미), 이음법(접속어미)의 세 범주로 분류하여 활용체계를 수립하였다.[11] 접속어미를 의미에 따라 14가지로 분류하며, 또 한편으로는 접속문 선행절과 후행절의 의미 관계가 독립적이냐 의존적이냐에 따라 접속어미를 대등접속어미와 종속접속어미로 분류하고 여러 각도에서 그 통사적 근거를 찾고자 하였다. 그러나 명사화어미와 격어미의 결합형인 '-기에', '-기로'이나 관계화어미와 명사 그리고 격어미 등의 결합형인 '-는 데', '-는 바', '-ㄴ 까닭에', '-ㄴ 후에' 등과 같은 의사 접속표현도 접속어미로 처리하였다.

김근수(1947)는 문장 체계를 단문, 중문, 복문, 혼문으로 설정하였다. 이 가운데 중문은 대등접속문에 해당하며 복문은 종속접속문과 내포문에 해당한다. 종속접속문과 내포문을 대등접속문과 따로 묶는 이 분류법은 내포문과 종속접속문의 공통점을 주목한 최초의 논저로 보인다.

정인승(1949)에서도 문장 체계를 단문, 중문, 복문, 혼문으로 설정하였고 복문을 다시 접속복문과 성분복문으로 명확히 나누었다. 이 중에서 중문은 대등접속문, 접속복문은 종속접속문, 성분복문은 내포문에 해당한다. 정인승(1949)에서는 또한 접속어미를 대립접속, 수식접속, 보조접속 등 세 가지로 분류하였다. 이는 의미 중심의 기존 연구와 달리, 통사기능 중심의 분류법이었다. 통사기능과 문장 체계에 많은 관심을 둔 이 논저는 70년대 이후 통사론적 연구의 기초가 되었다.[12]

박태윤(1948)에서도 역시 문장체계를 단문, 복문, 중문, 혼문으로 분류하되, 복문은 내포문에 해당하며 중문은 종속접속문과 대등접속문에 해당한다고 하였다. 이는 김근수(1947), 정인승(1949)과 다소 다른 분류체계

---

11) 이은경(1990) 참조.
12) 허재영(1996) 참조.

를 보여준다.

1.3.1.2. 1970년 이후의 연구

Chomsky의 변형생성문법의 영향으로 한국의 학자들도 문장 구조의 생성원리에 대한 관심을 보이기 시작하였다. 접속의 통사적 생성절차와 접속어미에 대한 본격적인 연구는 1970년대 이후에 시작되었다. 접속문 구성에 대한 통사·의미론적 연구뿐만 아니라 개별 접속어미에 대한 통사·의미·화용론적 연구의 전개에 따라 종속접속문과 내포문의 유사성이 점점 뚜렷해 보여 종속접속문의 선행절을 부사절로, 종속접속문을 내포문의 일종으로 보는 견해도 나타났다. 지금까지 한국어 학계에서 접속문에 대하여 방대한 연구가 진행되어 왔는데 접속어미의 종류가 많기 때문에 전체 접속어미를 연구 대상으로 삼는 경우와 개별 접속어미를 연구 대상으로 삼는 경우로 뚜렷이 나누어진다. 지금까지의 연구는 주로 다음과 같이 3개의 주제로 나눌 수 있다.[13]

(1) 접속어미의 목록 작성과 유형 구분

고영근(1975)은 구조주의적 기술문법을 토대로 어미구조에 대한 형태 분석을 하였다. 형태소 확인의 기준을 구조적 양상의 공통성과 의미상의 특수성 존재 여부에 두고 비종결어미 전반에 걸친 분류를 시도하였다. 비종결어미 전체에 대한 세밀하고 객관적인 분석이지만 논의이기

---

13) 구현정(1989)에서 접속어미를 종합적으로 체계화하는 연구를 '거시적 연구'로, 개별 접속어미의 형태·기능·의미에 대한 연구를 '미시적 연구'로 부르기도 한다.

때문에 개별 어미가 가지는 통사의미적인 특성에 대한 언급이 결여되어 있다.

김민수(1977)는 접속문을 연결 방식에 따라 병립문과 주종문으로 나누고, 병립문은 중복·선택·대립의 접속어미, 주종문은 가정·원인·전제의 접속어미에 의해 연결된다고 하였다. 하지만 김민수(1977)의 분류는 너무 포괄적이어서 다양한 접속어미의 의미 기능이 전혀 기술되어 있지 않았다는 지적이 따른다.[14]

서태룡(1979b)은 접속어미의 분류기준을 의미기능을 위주로 하되 기존의 의미 위주의 분류가 범하기 쉬운 비객관성을 시제형태소와 특수조사와의 결합관계라는 객관적인 기준을 덧붙임으로써 극복하였다. 서태룡(1979b)에서 시상어미와 특수조사의 결합여부에 따라 접속어미를 1차 분류하였고 의미 관계에 따라 접속어미를 2차 분류하였다.[15]

1980년대는 접속문에 대한 전반적인 연구가 한국어 연구의 핵심을 이루었던 시기였다. 이 시기의 연구 목적은 접속어미를 체계적으로 기술하고 전체의 체계를 세우려는 것이었다. 1980년대 이후의 연구 중에서 통사적인 기준으로 접속어미의 하위범주를 설정한 논문은 허웅(1983), 남승호(1985), 남기심(1985), 유현경(1986), 서태룡(1988), 이상태(1988) 등이 있다. 의미적인 기준으로 접속어미의 하위범주를 설정한 논문은 김승곤(1981, 1984), 권재일(1983, 1985, 1988), 채연강(1985), 정정덕(1986), 윤평현(1988, 1989), 전혜영(1989) 등이 있다. 통사적인 특성과 의미를 모두 고려하여 전체 접속어미를 보다 객관적으로 분류하려고 한 논문은 김진수(1987a, 1989), 이은경(1990) 등이 있다. 권재일(1988), 리의도(1990)는 역사

---

14) 윤평현(1989) 참조.
15) 김진수(1989) 참조.

적인 면에서 접속문 어미의 변천 양상을 고찰하였다.[16)

김승곤(1984)은 접속어미의 1차적인 분류기준을 형태에 두고 2차적인 분류기준을 기능에 두었다. 그런데 하나의 접속어미를 여러 개의 분류에 귀속시키는 경우가 있었다. 예를 들면, '-으면'을 조건적 가정씨끝으로 '-는다면은', '-라면'을 불가능 가정씨끝으로 분류하였다. 이 밖에 접속어미가 아닌 시제형태소와 조사가 결합된 형태를 접속어미 분류체계에 넣는 경우도 있었다.

권재일(1985)은 한국어 복합문 구성 체계를 수립하고 복합문 구성에 관한 통사제약을 시제법, 의향법, 조사, 주어 서술어 제약 등으로 나누어 체계적으로 고찰하며 전체 접속어미를 연결 관계, 상대 관계, 인과 관계, 조건관계, 목적 관계, 결과 관계, 첨의관계, 선택 관계, 강조 관계, 평가 관계 접속어미 등 10개의 항목으로 분류하였다. 하지만 이 중에 '-거나…-거나' 등을 선택 관계 중첩구성 접속어미로 분류한 것과 '-으면…-을수록' 등을 강조 관계 중첩구성 접속어미로 분류한 것은 적절하지 않다고 본다.

이현우(1986)는 접속문 선행절과 후행절의 성격 규명에 중점을 두어 문장을 '명제＋양상'의 구조로 이해하였다. 부정의 영향권을 기준으로

---

16) 권재일(1988)은 접속문 어미의 변천 양상은 다음 특징을 지니고 있다고 한다.
  a. 국어 접속문 어미는 대부분이 15세기 이전에 형성되었으며, 그 이후에 일부 새로 생겨나기도 했으며 사라지기도 하였다.
  b. 국어 접속문 어미의 변천은 15세기말과 16세기 초에 상당히 이루어졌으며, 19세기말에 이르러 현대국어와 같은 모습을 형성하였다.
  c. 접속문 어미의 형태는 많은 수의 변이형태에서 단일한 형태로 변천하여 왔다. 접속문 구성에서의 의향법 제약에 대해서는 15세기 국어에서 서술법은 대부분 허용되고 있으나, 의문법은 상당히, 그리고 명령법 및 청유법은 거의 제약을 받는다. 하지만 현대국어에서 제약의 정도는 약화되고 있다.
  리의도(1990)에서도 비슷한 견해가 보인다.

하여 명제 내용 접속어미로 '-며', '-다가', '-게', '-고자', '-러', '-려고', '-자마자', '-어서', 양상 접속어미로 '-거든', '-면', '-어도', '-어야', '-니까', '-자', '-니', '-은데', '-지만' 등을 분류하고 나서 접속문의 구조와 의미를 밝혔다.

김진수(1987a)는 접속의 기능을 하는 조사와 어미를 중심으로 이들의 어휘내항을 명세화하고 접속문 생성의 기본적인 층위에서부터 접속조사와 어미가 객관적으로 선택되는 방법을 통해 접속문의 형성 과정을 고찰하였다. 1차적으로 형태에 근거하여 접속문을 명사구 접속문과 동사구 접속문으로 나눈 다음에 2차적으로 형태와 의미를 고려하여 접속문을 9가지로 분류하였다.

권재일(1988)은 접속문 구성을 몇 가지 한정된 범주로 나누기란 매우 어렵다고 하며 접속문 구성의 하위 체계를 세우기 위해서는 두 가지 방법이 고려될 수 있다고 하였다. 첫째는 시제법, 높임법, 문형, 인칭법 등에 의한 통사 관계에 따라 체계를 세우는 방법이고, 둘째는 선행절과 후행절의 의미 관계에 따라 체계를 세우는 방법이라고 하였다. 그러나 실제 분석을 보면, 통사 관계에 의한 분석으로는 체계가 잘 세워지지 않으니 따라서 전통적인 방법인 의미 관계에 따라 체계를 세워야 한다고 하였다.

김진수(1989)는 전체 접속어미의 유형, 통사기능, 의미를 모두 고려하여 보다 객관적으로 분류하려고 하였다. 접속어미를 1차적으로 반복형, 혼합형으로 분류하고 2차적으로 동일주어만 허용, 비동일주어도 허용여부에 따라 분류하였고 3차적으로 의미에 따라 분류하였다. 하지만 1차분류 중의 '반복형'에 속한 접속어미들은 항상 반복형으로만 쓰이는 접속어미가 아니다. 따라서 '반복형, 혼합형'으로 따로 설정할 필요가 없다고 본다.

전혜영(1989)은 접속어미를 화용의미에 따라 나열, 동시, 계기, 대립, 양보, 조건, 이유원인, 설명, 목적, 결과, 선택, 전환, 의문, 비유, 비례 등 15가지로 분류하였다. 여기서도 분류기준이 통일되지 않은 문제가 있다.

이은경(1990)은 접속어미의 의미기능과 통사적 특징을 실제 쓰임을 통해 살펴봄으로써 전체 접속어미들의 체계화를 모색해 보았다. 통사적 특징에 대해서는 주어 및 서술어에 대한 선택 제약, 선행절에서 시상 선어말어미의 결합 제약, 후행절의 문장 유형 등에 대해서 고찰하였고 접속어미를 그들의 의미기능에 따라 12가지로 분류하였다.

강우원(1991)은 접속문 선·후행절의 시간 관계에 따라 접속어미를 분류하였다. '나열', '대조', '선택' 관계 등을 선·후행절의 동작이 동시에 일어난 동기 관계로, '결과', '대립', '전환', '설명' 관계 등을 한 동작이 먼저 일어나고, 한 동작이 그 뒤에 일어난 계기 관계로, '조건', '양보', '목적' 관계 등을 선·후행절의 동작이나 그 중의 하나가 아직 일어나지 않은 미기 관계로 분류하였다. 하지만 '-면'을 미기 관계로 보는 것은 타당하지 않는 것 같다.[17]

한동완(1996)은 시제형태가 접속어미와 결합 가능 여부에 따라 접속어미를 상대 시제적 어미, 절대 시제적 어미, 절대 시제적 해석 및 상대 시제적 해석을 모두 받는 접속어미 등 세 가지로 나누었다.

---

17) Haiman(1978)에서는 '조건이 가정을 나타내야 할 필요는 없다'라고 하고 '가정적 조건'과 '시간적 조건'을 '조건'의 하위범주로 본다. '시간적 조건'은 다시 '과거의 규칙적 습관'과 '일반적인 조건'으로 나누고 있다. 예 : 1) 잔디를 깎으면, 돈을 줄래?(미정 / 가정), 2) 잔디를 깎으면, 엄마가 돈을 주었다.(과거의 규칙적 습관), 3) 잔디를 깎으면, 엄마가 돈을 준다.(일반적인 시간적 조건)

(2) 접속문 체계 설정

지금까지 접속과 내포의 관계에 대한 여러 가지 논의들이 있어왔다. 접속과 내포를 별개의 구조로 보며 독립 명제의 연결이라는 공통점을 바탕으로 접속의 체계에 대등접속과 종속접속을 인정하는 견해(견해 1)도 있고, 접속을 인정하되, 종속접속을 내포의 일종인 부사절로 처리하고 접속에는 대등접속만 있는 것으로 보는 견해(견해 2)도 있고, 접속과 내포가 구조적으로 구분되지 않는 것으로 보는 견해(견해 3)도 있다.[18]

견해 1의 대표 논문은 최현배(1937), 서태룡(1979b), 이익섭·임홍빈(1983), 권재일(1983, 1985), 남기심·고영근(1993), 윤평현(1989), 허웅(1999) 등이 있다.

서태룡(1979b)은 모든 동사구 내포문 어미에는 시상어미가 결합할 수 없고 특수조사만 결합할 수 있다는 사실은 접속어미와 동사구 내포문 어미를 구별하는 기준이 될 수 있다고 하였다.

> (4) a. 저는 선생님을 만나고자*(는, 도, 야, 만, 나…) 이곳에 왔습니다.
> b. 저는 선생님을 만나고자 (는, 도, 야, 만, 나…) 하였습니다.

서태룡(1979b)에서 예문 (4a)의 '-고자'에는 특수조사가 결합할 수 없

---

18) 유현경(2002)에서는 세 가지 견해가 모두 국어 문법에서 어미 체계의 불균형 문제를 안고 있으며 대등접속조차도 그 근본적인 기능은 문장 안에서 부사의 역할을 하는 것이며 접속과 내포의 경계가 모호하다고 한다. 견해 1은 부사절을 인정하지 않아 복합문 체계의 불균형을 가져오는 동시에 접속문에 속한 종속접속은 대등접속보다 내포절과의 공통점이 더 많다는 문제가 있으며 견해 2는 내포구성에 부사절이 더함으로써 내포절 체계가 균형을 지니게 되나, 접속문 체계에 대등접속만 남게 된 불균형한 결과를 초래하며 견해 3은 한국어 복합문 체계에서 접속문을 인정하지 않음으로써 국어문법의 구조에 대한 설명력을 현저히 떨어뜨리는 문제가 있다고 한다.

지만 (4b)의 '-고자'에는 특수조사가 결합할 수 있기 때문에 (4a)에서의 '-고자'는 선·후행절을 연결하는 접속어미, (4b)에서의 '-고자'는 내포문 어미로 볼 수 있다고 하였다. 특수조사와 결합이 가능한 접속문은 의미론적 초점이 이미 선행절에 놓여 있거나, 화자가 선행절에 대하여 어떤 전제를 가지고 있기 때문에 의미론적 초점이 선행절에 놓일 수 있는 접속문이라고 하였다.

권재일(1983)은 접속어미에는 다음과 같은 특성이 있다고 보고 있다.[19]

① 근본적인 기능은 선행문과 후행문의 연결에 있다.
② 후행문 동사는 원칙적으로 자율동사이다.
③ 선행문과 후행문 간에 원칙적으로 주어에 대한 제약이 없다.
④ 선행문에 원칙적으로 시상어미 결합의 제약이 없다.

하지만 실제로 접속어미 중에 ③번, ④번의 특성과 어긋난 경우가 많아서 이런 결론의 설득력이 떨어진다.

견해 2의 대표논문은 남기심(1985), 유현경(1986), 이관규(1992), 최재희(1989, 1997), 서정수(1994), 이익섭·채완(1999), 안명철(2001) 등이 있다.

남기심(1985)은 종속접속문의 통사적 특징, 즉 주절 속으로 자리 옮김이 가능하며, 동일명사구의 역행생략이 일어나며, 재귀화가 일어나는 것

---

19) 권재일(1983)은 '-고자', '-려고', '-러', '-게', '-도록'을 내포문 구성에만 관여하는 어미로 본다. 예 : a. 철수는 장학생이 되<u>고자 / 려고</u> 했다. b. 철수는 장학생이 되<u>고자 / 려고</u>, 열심히 공부했다. b'. 철수는 장학생이 되<u>고자 / 려고</u>(하여), 열심히 공부했다. 권재일(1983)은 예문 (b) 문장의 주어의 제약, 시상어미 결합제약 등 제약의 특성은 전적으로 내포문구성의 특성이라고 한다. 그리고 예문 (b)를 (b')의 '하여'가 탈락한 문장으로 보고 '-게', '-도록'을 내포문 어미로 본다.

이 대등접속문과 구분하는 기준이 된다고 한다. 이러한 특징이 또한 종속접속절은 부사화 내포절이라는 사실을 증명한다고 보고 있다. 이렇게 볼 경우 접속문에는 대등접속문만이 있고, 종래의 종속접속문은 내포문의 부사절로 자리 잡게 된다.

최재희(1997)는 종속접속문에서 선·후행절의 비대칭성, 선행절 이동, 공대명사 실현 양상, 대용사 실현 양상, 특수조사와의 결합 등 통사 특성들은 대등접속문과 상이한데 내포화 구문과는 오히려 유사한 현상을 보인다고 하였다. 최재희(1997)에서 대등접속문의 공대명사 주어 실현은 후행절에만 가능하며 종속 접속문의 공대명사 주어 실현은 선행절에만 가능하다고 하였다. 또한 주제조사 '는'이 내포문이나 종속접속문의 선행절에 모두 실현할 수 없어서 두 가지 문장이 동일성을 보인다고 하였다. 하지만 서태룡(1979b)에서 내포문의 주절에 '는'이 실현될 수 있는 문장의 예문을 들었다.[20]

견해 3의 대표논문은 서태룡(1979a), 김진수(1987a), 왕문용·민현식(1993), 왕문용(1997), 고광주(1999), 유현경(2002) 등이 있다.

서태룡(1979a)은 생성의미론의 입장에서 한국어의 모든 복합문은 동일한 기저 논리구조(명사구 내포문구조)에서 유도된 통사적 변형의 결과로 이해하며 의미론의 측면에서 내포문과 접속문을 구별해야 한다고 주장하였다. 그리고 내포문과 접속문은 단순히 어말형태만으로 구별되는 것이 아니라 의미 초점, 휴지와 같은 표면의 현상에 의해 구별된다고 주장하였다. 그러나 내포문과 접속문의 의미론적인 관련이나 통사적인 관련이 필연적인 것이라고 주장할 수 있는 근거가 더 필요한 것으로 보인다.[21]

---

20) 예문은 제1장의 예문 (4) 참조.
21) 이은경(1990) 참조

김진수(1986)는 내포문, 종속접속문과 대등접속문의 관계를 정리해 보았다. 의미위주의 분류보다는 접속 요소의 성분에 따라 복합문의 유형을 분류하고자 하였다. 이 논문은 '종속접속문'이라는 술어를 거부하며 종래의 종속접속문을 내포문의 일종으로 보고 내포문을 명사절 내포문과 관형절 내포문으로 나누고 접속문도 명사구 접속문과 동사구 접속문으로 나누었다.

유현경(2002)은 대등접속문조차도 그 근본적인 기능은 문장 안에서 부사의 역할을 하는 것이며 단지 부사적 속성이 종속접속문에 비하여 현저히 떨어진다고 하였다. 이는 대등접속이 가지는 대칭성과 독립성의 의미 자질 때문인 듯하다. 대등접속문의 선행절에 시제나 상, 경어법이 실현하지 않을 때도 있는 것은 대등접속문의 선행절도 후행절에 대해 일정한 의존성이 있다는 것을 증명할 수 있다고 하였다. 또한 대등접속문은 '그리고' 등 접속부사에 의해 두 문장으로 대체할 수 있는 것도 부사성이 있다는 표현이라고 보았다.

(3) 개별 접속어미에 대한 통사, 의미, 화용론적 연구

'-면', '-다면', '-거든', '-ㄹ진대' 등 조건관계 접속어미에 대한 연구는 순수 통사론적 관점에서 이홍배(1970), 양인석(1972), 이정민(1974), 김승곤(1991), 이상태(1995), 순수 의미론적 관점에서 이정민(1979), 이광호(1980), 전혜영(1983), 박승윤(1988), 통사 의미론적 관점에서 서태룡(1979), 이광호(1980),[22] 김진수(1983), 채연강(1985),[23] 서정수(1995), 화용론적 관

---

22) 이광호(1980)는 '-면'은 화자의 주관적 판단, '-다면'은 화자의 주관적 판단은 물론, 타인의 객관적 판단을 나타내는 기능을 수행한다고 본다. '-면'은 '-거든'보다 더

점에서 구현정(1989, 1997, 2002),[24] 김승곤(1991), 이종철(1997), 채영희(1998) 등이 있다.

'-아서', '-니까', '-므로' 등 인과 관계 접속어미에 대한 연구는 김홍수(1977), 남기심(1978), 남기심·루코프(1983),[25] 성낙수(1978), 서태룡(1979b), 이광호(1980), 김진수(1983), 강기진(1985), 김승곤(1986),[26] 전혜영(1989),[27] 최동진(1996), 서성교(1998) 등이 있다.

'-이나', '-든지' 등 선택 관계 접속어미에 대한 연구는 전혜영(1989) 등이 있다.

'-러', '-려고', '-고자' 등 목적 관계 접속어미에 대한 연구는 성낙수(1978), 서태룡(1979b),[28] 이상복(1981), 전혜영(1989)[29] 등이 있다.

직접적이고 거의 동시적인 데서 가정의 뜻을 더욱 더 강하게 지니고 있으며 '-거든'은 가정의 뜻이 상대적으로 약한 반면에 그 대신 좀 더 확실한 현실에 가까운 가정의 의미를 지닌다고 한다.

23) 이광호(1980), 채연강(1985)은 '-면'은 불가능의 세계, 비현실적인 세계까지를 가정할 수 있는 반면, '-거든'은 가정의 범위가 실현성이 있는 가능세계로 제한된다고 한다.

24) 구현정(1989)은 조건월이 실제 담화에서 어떠한 기능을 가지는지를 화행 이론에 입각하여 살펴보고 조건월은 가정성도 나타낸다고 한다. 구현정(2002)은 조건의 담화 기능을 공손한 요청, 완화시켜 표현하기, 다른 가능성 제시하기, 경고하기의 네 가지로 정리하며 조건절만 말하고 결과절을 생략할 수도 있다고 한다.

25) 남기심·루코프(1983)에서는 단순히 정보를 제공하는 역할을 하는 '-아서'는 청자에게 부담감을 주지 않으므로 공손하고 사교적인 느낌을 주며, '-니까'는 청자에게 어떤 사실을 확신시키고 주장하는 기능을 하는 것이므로 청자에게 부담감을 주고 강한 느낌을 준다고 하였다.

26) 김진수(1983)는 '-니까'가 '-니'보다 인과 관계의 강도가 강하다고 본다. 강기진(1985)은 의미론적인 차이로 '-니'와 '-니까'를 구별한다. '-니'는 직접성, 실증성, 필연성의 의미가 있으며 '-니까'는 간접성, 심리성, 개연성의 의미가 있다고 한다. 김승곤(1986)은 '-니'는 결정, '-니까'는 결과로 본다.

27) 전혜영(1989)은 '-고서'와 '-아서'의 차이는 '-고서'는 결과 강조, '-아서'는 원인 강조라고 한다.

'-며', '-면서', '-고' 등 나열 접속어미에 대한 연구는 전혜영(1989)[30] 등이 있다.

'-지만', '-아도', '-나' 등 대립 접속어미에 대한 연구는 윤평현(1988), 전혜영(1989) 등이 있다.

'-아도', '-더라도', '-ㄹ지라도', '-ㄴ들' 등 양보 접속어미에 대한 연구는 양인석(1972), 채연강(1985), 윤평현(1988) 등이 있다.

1.3.2. 중국어 접속문 연구

중국어에서 문장의 접속은 주로 문장 구성을 돕고 문법적 의미를 표시하는 虛詞에 의해 실현된다.[31] 馬建忠의 『馬氏文通』(1898)과 嚴夏의 『英

---

28) 서태룡(1979b)은 '-러', '-려고', '-고자'에 의해 연결된 접속문은 후행절의 행위나 상태의 사실성이 전제되어야 선행절이 실현 가능하다는 의미를 함의하고 있기 때문에 시상어미는 이들 접속어미 앞에 결합할 필요가 없다고 한다. 그리고 '-도록'과 '-게'는 시상어미와 결합할 수 없다고 한다.

29) 전혜영(1989)에서는 '-려고'와 '-고자'의 경우, 후행절에 의도표현이 못 오는 이유는 선행절에 이미 의도가 표현되어 의미 중복이 일어나기 때문이라고 본다. '-려고', '-고자'가 명령과 제안의 문장에서 쓰일 수 없고 또한 '-러'는 선·후행절의 분리부정은 불가능하고 전체부정만 가능한데 이에 반해 '-려고'와 '-고자'는 두 가지 의미로 해석이 가능한 것처럼 선·후행절의 분리부정이 가능하다고 한다.

30) 전혜영(1989)은 '-며', '-면서', '-고' 중에서 '-면서'의 동시성의 의미가 가장 강하며 행위의 과정에 대한 성격이 두드린다고 한다. '-고', '-며'에 의한 나열은 선·후행절의 두 가지 상태가 각각인 것으로 나타나는 반면, '-면서'에 의한 나열은 두 가지 상태가 兼備하는 뜻을 나타내어 두 가지 상태의 연계성이 강하게 드러나고 있다고 한다. '-고'와 '-며'의 차이는 두 접속어미의 나열의 성격이 다르다. '-고'에 의한 나열은 동질적인 것의 나열이며, '-며'에 의한 나열은 이질적인 나열이라고 한다. 이 밖에 '-고'가 구어체에서 잘 쓰이며 '-며'가 문어체에서 주로 쓰인다고 한다.

31) 현대중국어의 허사에 대한 연구는 陸儉明·馬眞(1999), 張誼生(2000), 周剛(2002), 齊滬揚 외(2002), 馬眞(2004) 등 참조.

文漢詁』(1904)에서 이미 접속문에 대한 초창기의 논술을 찾을 수 있다. 그 후의 중국어 접속문 연구는 영어 접속문 체계를 모방하기 시작한 模倣調節時期, 내포문을 더 이상 접속문으로 보지 않고 단문으로 귀속시킨 反省定型時期를 겪어 21세기 초엽에 精細深化時期에 들어섰다.

草創期의 『馬氏文通』에서 접속문을 하나의 체계로서 다룬 것이 아니라 연결관계를 표현하는 단어로서 다루었다. 『英文漢詁』에서 최초로 중국어 접속문의 체계를 세웠다.[32]

模倣調節時期의 대표작은 劉夏의 『中國文法通論』(1920)과 黎錦熙의 『新著國語文法』(1924)이다. 전자는 접속문을 竝列式과 內包式 두 가지로 나누며 후자는 접속문을 내포접속문, 대등접속문과 종속접속문 세 가지로 나누었다. 두 책은 모두 종속접속문과 내포문의 구별을 깨달았지만 내포문을 접속문 체계에서 분리시키지 못하였다. 이 단계는 초창기의 접속문 이론을 어느 정도 적극적으로 수용하고 발전시켰을 뿐만 아니라 영어 접속문 체계와 비교하는 과정에서 중국어 접속문 이론의 여러 가지 문제점을 발견할 수 있었다.

反省定型時期의 대표작은 何容의 『中國文法論』(1942), 王力의 『中國語法理論』(1944)과 呂叔湘·朱德熙의 『語法修辭講話』(1952)이다. 이 단계는 전의 중국어 접속문 이론을 전면적으로 반성하고 발전시켜 하나의 체계로 정형화 시켰다. 何容(1942)에서 무작정 영어 문법을 모방하여 중국어 접속문을 연구하는 방법과 중국어 접속문의 정의, 내포문의 성질에 대하여 반성하였다. 그리고 내포문은 단문임을 명확하게 주장하였다. 이 책은 단문과 접속문의 구분 문제를 지적하였지만 아무런 해결책도 제출하지

---

32) 『新著國語文法』이 『英文漢詁』보다 영향력이 더 커서 이 책에서 중국어 접속문 체계를 최초로 세운 것으로 보는 설도 있다.

못하였다. 王力(1944)은 문장 안의 짧은 휴지는 접속문 여부를 판정하는 중요한 기준이라고 하였다. 呂叔湘·朱德熙(1952)는 대등과 종속으로 모든 접속문 선·후행절의 접속관계를 총괄할 수 없다고 보고 선·후행절의 관계에 따라 접속문을 10가지 유형으로 나눠서 분석하였다. 精細深化時期에 들어선 지금, 중국어 접속문 연구 영역에는 새로운 시야, 각도와 방법으로 연구를 진행하고 있고 수많은 연구 성과를 거두었다.[33] 이 시기의 대표작인 邢福義(2001)는 논리학 방법으로 접속문을 연구하며 중국어 접속문을 크게 因果접속문, 列舉접속문과 轉折접속문 등 3가지로 나누었다. 이 새로운 분류 방법은 중국어 학계에 많은 영향을 주었다. 하지만 이 책은 단문과 접속문의 구분 등 해결하기 어려운 문제를 피하였다. 그리고 2차적으로 접속문 분류를 18가지로 설정한 것은 수량이 많고 분류 기준이 다소 주관적이다는 문제를 안고 있다. 현 단계에 중국어 학계에서 데이터 베이스를 활용하여 접속문에 대한 정량연구가 많이 진행되고 있다.

1.3.3. 한·중 접속문 대조 연구

한국어와 중국어의 접속문에 대한 대조연구 성과는 한국어 접속문이나 중국어 접속문에 대한 연구에 비해 수량이 상당히 적고 전면적으로 진행되지 못하였다고 볼 수 있다. 2009년 연말까지 중국에서는 白蓮花(2007), 朴愛華(2009), 任惠淑(2009), 孫洪花(2009) 등 4편의 한·중 접속문을 대조하는 석사학위논문을 찾을 수 있다. 白蓮花(2007)는 한국어 종속

---

33) 중국어 접속문에 관한 연구 성과는 본고의 참고문헌에서 확인할 수 있다.

관계를 나타내는 일부 연결어미를 중국어 접속 표지와 대조하였다. 朴愛華(2009), 任惠淑(2009), 孫洪花(2009)는 각각 중국어와 한국어의 목적관계, 양보관계, 조건관계 접속문을 대조하였다. 한국에서는 아직 이 분야에 대한 연구 성과는 많지 않은 편으로 왕정춘(2003), 이설(2006) 송엽휘(2008a, b) 등의 논문이 있는데 이 논문들의 저자는 한국 어학을 전공하는 중국유학생이다. 왕정춘(2003)은 한국어에서 이유·원인을 나타내는 접속어미 '-아서', '-니까'를 중국어에서 이와 대응하는 인과 관계 표현인 '因为……所以', '既然……就'에 한정하여 대조, 분석하였다. 이설(2006)은 중국어의 접속문을 접속요소 사용 여부에 따라 나누고 한국어 접속문과 그 구조를 개략적으로 대조하였다.

1.4. 논의 구성

제2장에서는 한국어와 중국어 접속문의 체계를 전체적으로 대조하여 분석한다. 우선 한국어의 접속문과 관련하여서는 '종속접속문과 내포문의 관계, 대등접속문과 종속접속문의 관계, 의사접속문' 등 논란이 있는 문제를 위주로 이에 대한 필자의 견해를 제시하고 중국어에서 한국어의 접속문에 해당하는 문법단위 및 관련 용어를 소개한다. 그리고 한국어 문장체계와 중국어 문장체계에서 접속문의 위치를 비교해 본다.

그 다음에 한국어와 중국어 접속문의 의미 유형을 대조, 분석하여 한국어 접속문의 의미 유형을 다시 정리하고 다시 명명해 본다. 그리고 한국어 접속 관계와 중국어 접속 관계의 명칭, 범위를 대조하여 그들의 공통점과 차이점을 밝힌다. 여기서는 또한 중국어의 비명시적 논리 연결, 즉 접속문에서 접속 표지의 영형태 현상도 같이 다룬다.

제3장에서는 한국어에서 선·후행절의 관계 가운데 논리 인과 관계인 원인·결과 접속문을 중국어 해당 표현과 대조해 본다.

제4장에서는 논리 인과 관계 접속문 가운데의 조건·결과 접속문을 중국어 해당 표현과 대조해 본다.

제5장에서는 논리 인과 관계 접속문 가운데의 양보·결과 접속문을 중국어 해당 표현과 대조해 본다.

제6장에서는 본고의 연구 성과를 정리 요약하여 제시한다.

제 2 장

한국어와 중국어의 접속문 체계

2.1. 한국어와 중국어의 접속문

2.1.1. 한국어 접속문

한국어의 문장은 서술기능을 수행하는 횟수에 따라 단문과 복합문으로 나눈다. 서술기능을 한 번 수행하는 문장구성을 단문 구성, 서술기능을 두 번 이상 수행하는 문장구성을 복합문 구성이라고 한다. 권재일 (1985)에서는 복합문 구성을 다시 상위문이 하위문을 관할하는 방식에 따라 접속문 구성과 내포문 구성으로 나누고 상위문이 다른 교점을 거치지 않고 하위문을 직접 관할하는 복합문 구성을 접속문 구성이라고 하며 상위문이 하위문을 명사구나 동사구를 통하여 간접 관할하는 구성을 내포문 구성이라고 한다. 접속문은 선행절과 후행절의 의미관계가 대등적이냐 종속적이냐에 따라 다시 대등접속문과 종속접속문으로 나뉜다. 아래 예문 (1)은 내포문, (2)는 대등접속문, (3)은 종속접속문이다.

(1) 선생님은 [민호가 오늘 학교에 오지 않았다고] 말했다.
(2) [엄마가 노래를 부르면서] [(엄마가) 요리를 한다].
(3) [날씨가 좋아서] 교외로 소풍갔다.

하지만 대등접속문의 경우, 권재일(1985)에서 말한 소위 '상위문'과 '하위문'을 아예 찾아볼 수 없다.

본고에서는 '상위문'과 '하위문'을 엄격하게 구별하지 않고 단지 '선행절'과 '후행절'로 접속문의 문법적인 관계를 정하고 이들의 의미 관계를 중심으로 접속문의 체계를 분류하고자 한다.

지금까지 접속과 내포의 관계에 대한 여러 가지 견해와 논저는 1.3.의 선행연구에서 소개하였다. 기존 연구에는 주로 접속과 내포를 별개의 구조로 보는 견해(견해 1), 종속접속을 내포의 일종인 부사절로 보는 견해(견해 2) 및 접속과 내포가 구조적으로 구분되지 않는 것으로 보는 견해(견해 3)가 있었다.

하지만 선행연구에서 복합문의 하위분류에 대해 학자마다 견해의 차이를 보일 뿐만 아니라 동일인이라도 논저나 시기에 따라 내포문, 종속접속문, 대등접속문의 관계에 대한 인식이 바뀌고 있는 것을 알 수 있다. 예를 들면, 이익섭·임홍빈(1983)에서는 부사절을 종속접속으로 보는데 종속접속이 반드시 부사절로 이루어지는지 아직 명확한 결론을 내리지 못한 상태였다. 하지만 이익섭·채완(1999)에서는 접속은 대등접속만을 가리키는 좁은 의미로만 쓴다고 하였다. 남기심(1985), 안명철(2001) 등에서는 종속접속절을 부사화 내포절로 보는데 남기심·고영근(1993)에서는 종속접속절을 접속문의 일종으로 보고 있다. 유현경(1986)에서는 종속접속문을 문장수식 부사화의 내포문으로 보는데 유현경(2002)에서는 대등

접속문, 종속접속문, 내포문이 모두 기저에서 같은 구조를 갖고 있다고 본다.

최근의 연구 성과에 따르면 종속접속문은 내포문의 일종으로 보는 경향도 있는데 그래도 종속접속문의 용어는 여전히 널리 사용되고 있다. 필자는 종속접속문을 내포문의 일종으로 보기가 어렵다고 본다. 왜냐하면 종속접속문은 기존 내포문으로 불리던 여러 가지 내포문과 유사성이 있지만 그들과의 차이점도 많기 때문이다.

① 종속접속문은 선·후행절의 독립 명제의 연결이지만 내포문은 비독립적이다.

(4) a. 저는 [그 사람이 싫다고] 했습니다.
  b. *저는 했습니다.

(5) a. [저는 그를 만나고자] (저는) 이곳에 왔습니다.
  b. 저는 이곳에 왔습니다.

위의 내포문 (4a)의 상위문인 (4b)는 그 생략된 정보를 알 수 없다면 완전한 문장이 아닌 비문이 된다. 종속접속문 (5a)의 후행절인 (5b)는 완전한 문장이다.

② 종속접속문의 선행절은 후행절 전체와 관련이 있지만 내포문은 상위문의 서술어와만 관련이 있다.

(6) a. 내가 들어가 보니까 철수가 바닥에 누워 있었다.

    b. (내가 들어가 보니까) 철수가 바닥에 누워 있었다.

(7) a. 그녀는 손이 발이 되도록 빌었다.
    b. (손이 발이 되도록) 빌다.

종속접속문의 선행절, 즉 종속절을 부사절로 보는 관점이 있다. 내포문도 부사절이기 때문에 종속절과 같은 성질을 지닌다고 한다. 하지만 종속접속문의 선행절을 부사절로 보더라도 선행절은 후행절 전체를 수식하는 것이다. 즉 (6b)에서 보듯이 선행절인 '내가 들어가 보니까'가 문장부사의 역할을 한다. 이에 비하여 내포문은 상위문의 서술어를 수식한다. 즉 (7b)에서 보듯이 '손이 발이 되도록'은 상위문 서술어 '빌다'를 수식하는 성분 부사의 역할을 한다.

③ 종속접속문의 선행절 뒤에는 '는'이 실현될 수 없으나 일반적인 내포문 뒤에는 실현될 수 있다.[1]

(8) a. 저는 선생님을 만나고자*(는, 도, 야, 만, 나…) 이곳에 왔습니다.
    b. 저는 선생님을 만나고자 (는, 도, 야, 만, 나…) 하였습니다.

이 점은 일반적인 내포문은 후행문의 성분의 일부가 되어 주제화가 용이한 데 반해 종속접속문은 후행절의 성분의 일부가 될 수 없어 주제화가 될 수 없음을 말하는 것이다.

위의 사실들은 종속접속문이 일반적인 부사절과 다름을 의미하는 것으로 결국 한국어의 종속접속문은 대등접속문과 다르며, 내포문과도 차

---

1) 제1장의 예문 (4)를 다시 인용함.

이가 많은 다른 종류의 문장이다. 중국어 문법의 관점에서 보면, 내포문은 상위문을 보충해 주는 성분인데 종속접속문의 선행절은 후행절 전체와 관련되는 부가적인 요소이다. 즉 종속접속문의 선행절이 없더라도 종속접속문의 후행절이 완전한 문장이 될 수 있다. 본고는 종속접속문의 어미를 여전히 접속어미로 보고 종속접속문도 대등접속문과 같이 접속문의 일종으로 보는 관점을 취한다.

2.1.2. 중국어 접속문

중국어에서 '句'는 문장의 뜻이어서 '單句'는 한국어의 '단문'에 해당되며 '複句'는 한국어의 '복합문'에 해당될 듯하다. 하지만 중국어의 '複句'는 한국어의 '복합문'과 범주가 다르다. '복합문'으로 번역하면 오해가 생길 수 있어서 먼저 중국어 '複句'의 정의부터 확인해 보겠다.

중국어의 複句에 대한 초기의 연구인 黎錦熙(1924)는 영어 문법을 참조하여 '複句'의 개념을 처음으로 사용하였다. 黎錦熙(1924)는 複句를 '내포 복구', '대립 복구', '주종 복구'로 나누었다. 그 후의 접속문에 대한 연구는 '내포 복구'를 단문으로 귀속시키고 접속문의 범주에서 제외시켰다.

중국어의 '複句'(a sentence of two or more clauses)는 두 개 또는 두 개 이상의 의미관계가 밀접하며 서로 포함시키지 않는 절로 구성된 문장이라고 한다. '서로 포함시키지 않는다'라고 하는 것은 한 절이 다른 절의 문장 성분으로 구성되지 않는다는 뜻이다. '複句'에서의 각 절은 '分句'라고 한다. 각 '分句'는 다른 '分句'의 어떠한 요소로 되지 않고, '分句'와 '分句'는 일반적으로 關聯詞로 접속된다.2) 이렇게 보면 중국어의 '複句'

는 통사적인 면에서 한국어의 '접속문'과 더 가깝다.[3]

중국어에는 의미상 한국어의 내포문에 해당되는 문장도 존재한다.

    (9) 我意识到问题很严重。
       (나는 문제가 심각하다는 것을 깨달았다.)

    (10) 他说那个人已经走了。
       (그는 그 사람이 벌써 떠났다고 한다.)

    (11) 我以为明天是教师节呢。
       (나는 내일이 스승의 날인 줄 알았다.)

    (12) 他跑得汗珠都滴到了脚背上。
       (그는 땀이 발등에 떨어지도록 뛰었다.)

중국어 예문 (9)에서의 '问题很严重', (10)에서의 '那个人已经走了', (11)에서의 '明天是教师节'은 각 문장의 목적어로, (12)에서의 '汗珠都滴到了脚背上'은 문장의 補語로 본다.[4] 이 네 개 예문과 같이 하나의 절이 다른 문장의 한 성분의 역할을 하는 문장은 중국어에서 '複雜句'(복잡한 문장)라고 하며 이런 문장들은 중국어의 單句에 속한다.[5]

---

2) 현대 중국어에서 관련 연사 및 이와 같이 어울려 나타나는 관련 부사를 關聯詞(關聯詞語)로 통칭한다. 관련사에 대한 연구로는 呂叔湘(1980), 朱德熙(1982), 張宝林(1996), 張誼生(1996), 邢福義(2001), 李曉琪(2005) 등이 있다.
3) 공재석(1985) 참조.
4) 중국어의 보어는 동사나 형용사의 뒤에 위치하여 문장의 뜻을 완전하게 한다.
5) 전에 중국어의 문장체계를 '複合句', '複雜句', '單句' 세 가지로 분류한 설도 있었고 지금은 대개 '複句'와 '單句' 두 가지로 분류한다. 이는 전의 '複合句'를 '複句'로 명칭을 바꾸고 전의 '複雜句'와 '單句'를 합쳐 '單句'로 명칭을 바꾼 결과이다.

문장의 내용과 구조를 고려할 때, 중국어에서도 '單句'와 '複句'를 명확히 구분하는 것은 쉬운 일이 아니다. 중국어에서 '準複句' 혹은 '準單句'라는 문장도 존재한다.

한국어에 종속접속문과 대등접속문이 있듯이 기존 연구에서 중국어의 접속문을 '聯合複句', '偏正複句' 두 가지로 나누는 2분법도 있고 '竝列複句', '轉換複句', '因果複句' 등 세 가지로 나누는 3분법도 있다.6) '聯合'과 '偏正'을 구별하지 않는 분류법도 있다.7)

2분법으로 분류된 '聯合複句', '偏正複句'는 각각 한국어의 대등접속문, 종속접속문과 유사하다. 3분법에서의 '竝列複句'는 2분법에서의 '聯合複句'와 명칭만 다를 뿐, 실질은 똑같다고 보면 된다. 다만 2분법에서의 '偏正複句'는 3분법에서 '轉換複句'와 '因果複句'로 나뉘어 있다.8)

2.1.3. 중국어 접속문의 비명시적 논리 연결 및 준접속문

2.1.3.1. 중국어 접속문의 비명시적 논리 연결

언어학에서 '영형태'라는 용어는 많이 쓰이는 용어이다. 영어에서 '영형태'는 'zero morpheme'라고 하며 중국어에서 '영형태'는 '零語素'라고 한다.9) '영형태'는 형태표지가 나타나지 않는 경우를 가리킨다. 하지만

---

6) 邢福義(2001)에서는 중국어의 접속문을 '인과관계', '병렬관계', '전환관계' 세 가지로 나누었다. 본고에서는 전통적인 분류 방법을 따르고 邢福義(2001)의 분류를 따르지 않기로 한다.

7) 邵敬敏(2000)에서 聯合과 偏正를 구분하지 않고 중국어 접속문의 하위분류를 열거하였다.

8) 3분법에서 말한 '因果複句'는 좁은 의미의 因果複句, 條件複句 등을 포괄하는 廣義의 범주의 명칭이다.

일부 한국어 논문에서 '영형태'를 '성분의 생략'과 동일한 개념으로 쓰고 있는데 이것은 타당하지 않다. 영형태는 '생략'보다 넓은 의미 범위를 갖는다. 즉 있던 것을 생략하는 경우와 처음부터 없는 경우를 포함한다. 중국어 접속문에서 접속 표지의 영형태는 접속문의 비명시적 논리 연결을 가리킨다.[10]

중국어 접속문에서 접속 표지의 사용여부는 단지 선·후행절의 접속 관계에 따라 결정되는 것이 아니라 문맥에 의존하는 경우도 많다. 그리고 문어는 구어와 같이 인물 표정, 몸짓 언어, 억양, 강세 등 보조적인 언어 수단의 도움을 받지 못해서 복잡한 논리 관계를 표현할 때, 접속 표지를 사용해야 하는 경우가 구어보다 많다. 논리 관계를 분명하게 나타내는 것을 요구하는 공식 문서, 논문 등에도 비명시적인 논리 연결보다 명시적인 논리연결 표지를 많이 사용한다. 連淑能(1993)에서 중국어 접속문의 비명시적 논리 연결 방식에 대해서 다음과 같이 서술하고 있다.

① 어순에 의한 비명시적 논리 연결

② 수사 표현에 의한 비명시적 논리 연결

③ 긴축문에 의한 비명시적 논리 연결

④ 四字構造에 의한 비명시적 논리 연결

---

9) 이 밖에 영어에서 '영형태'를 'null morpheme'라고 하고 중국어에서 '영형태'를 '零詞素'라고 하기도 한다.

10) 邢福義(2001)에서는 중국어의 접속문을 관련사의 유무에 따라 유표 접속문과 무표 접속문으로 나누었다. 무표 접속문은 구어에서 많이 쓰이며 유표 접속문은 문어에서 많이 쓰인다. 무표 접속문은 대부분 관련사를 통해 환원할 수 있고 이를 통해 선·후행절의 관계를 파악할 수 있다고 지적하였다. '무표'는 본고에서 말한 접속 표지의 영형태로 볼 수 있다.

우선, 중국어 종속접속문의 대부분은 종속절이 앞에 나타나고 주절이 뒤에 나타난다. 접속 표지를 사용하지 않는 비명시적 논리 연결 접속문도 '因果', '假設條件', '轉換', '讓步條件' 등 다양한 의미관계를 나타낼 수 있다.

> (13) a. (<u>因为</u>)他不诚实, (<u>所以</u>)我不信任他。
>   (그가 성실하지 않<u>아서</u> 나는 그를 믿지 않는다.)
>   b. 我不信任他, <u>因为</u>他不诚实。
>   (내가 그를 믿지 않는 이유는 그가 성실하지 않기 때문이다.)

> (14) (<u>虽然</u>)说是说了, (<u>但是</u>)没有什么效果。
>   (말하기는 말했<u>는데</u> 효과가 별로 없었다.)

위의 예문 (13a)의 관련사를 생략해도 되는데 이 문장의 선·후행절의 순서를 바꿔서 만든 예문 (13b)에는 일반적으로 관련사를 사용한다. 예문 (14)에서도 관련사를 수의적으로 생략이 가능하다. 접속 표지의 사용에 대해서는 의미관계 별로 접속표현을 연구하는 제3장, 제4장, 제5장에서 더 자세히 다룰 것이다.

또한 중국어에서 反復, 對句[11] 등 수사법을 사용한 문장의 구조가 단정하여 관련사를 사용하지 않아도 문장의미를 쉽게 이해할 수 있는 경우가 많다. 이런 접속문 중에 중국어의 관용표현인 경우가 많다.

---

11) 여기서 말한 對句는 중국어의 수사법 중의 排比와 對偶에 해당된다. 한국어로 번역할 때 이 두 가지는 모두 '對句'로 번역하지만 '對偶'는 주로 옛날 시가에서 사용되는 수사법으로 음조가 조화되고 의미가 상대되며 글자수와 구조도 같은 경우를 가리키며 '排比'는 현대 중국어에서 사용되는 수사법으로 두 개 이상의 구조와 길이가 유사하고 의미가 관련되는 문장이 잇따라 나타나서 어세를 강화시키는 효과가 있다.

(15) 不怕慢, 就怕站。
　　　(느린 것은 두렵지 않고, 단지 멈춰서는 것이 두렵다.)

(16) 吃苦在前, 享乐在后。
　　　(고생은 남보다 먼저 하고, 즐기는 것은 남보다 늦게 한다.)

(17) 聪明一世, 糊涂一时。
　　　(평생 총명하던 사람이라도 때로는 멍청해진다.)

위의 예문 (15), (16), (17)은 모두 중국어의 관용표현이다.

긴축문과 四字構造에 의한 비명시적 논리 연결에 대해서는 2.1.3.2.에서 상술할 것이다.

2.1.3.2. 중국어 준접속문

(1) 긴축문

접속문의 선·후행절 사이에는 일반적으로 말할 때 순간적으로 휴지가 들어가며 기술할 때는 쉼표로 나타낸다. 그러나 중국어 접속문의 선·후행절이 짧으며 의미관계가 긴밀한 경우 발화시 문장 중간에 휴지를 두지 않으며 기술할 때도 쉼표를 찍지 않는 문장이 있는데 이를 '緊縮句'라고 한다. '緊縮句'는 문장 안에 휴지가 없는 간결한 단문의 형식으로 조건관계, 인과관계 등 접속문의 복잡한 내용을 나타낼 수 있는 문장이다.

(18) a. 그는 나를 보자마자 뛰어 나갔다.

     b. 他一看见我, 就跑出去了。

     c. 他一看见我就跑出去了。

(19) a. 그 할머니는 나를 볼 때마다 내 손을 잡고 이런저런 이야기를
     하셨다.

     b. 那个老奶奶一看见我, 就拉着我的手和我唠家常。

     c. *那个老奶奶一看见我就拉着我的手和我唠家常。

위의 예문 (18a)는 (18b)나 (18c)에 해당된다. 이 중에서 (18b)는 계기를 나타내는 일반 접속문이며 (18c)는 긴축문이다. (18)의 중국어 문장은 짧은 편이어서 (18b), (18c)처럼 쉼표를 수의적으로 사용할 수 있다. 예문 (19a)는 긴 문장이다. 이에 해당하는 적절한 중국어 표현은 일반 접속문 (19b)이다. (19c)와 같은 긴축문의 형식을 사용하지 않는다. 이런 문장이 길며 중간에 휴지가 없어서는 이해하기가 힘들기 때문이다.

긴축문은 문장 안에 관련사를 사용할 수도 있고 사용하지 않을 수도 있다. 일부 논저에서 '緊縮句'를 특수형태의 접속문으로 보아 이를 '緊縮複句'라고 부르며 이를 단문도 아닌, 접속문도 아닌 구조로 보아 '準複句' 혹은 '準單句'로 통칭하는 논저도 있다.12) 본고에서는 '緊縮句'를 접속문의 의미를 표현할 수 있는 특수 형식중의 일종으로 보아, 四字構造 등 특수 형식과 같이 준접속문으로 불러 다룰 것이다.13)

---

12) 張靜(1986), 連淑能(1993)에서 긴축문을 접속문의 긴축 형식으로 본다. 邢福義(2002)에서 긴축문을 접속문에서 준단문으로 이변이 발생한 형식으로 본다.

13) 모든 긴축문은 그것이 나타내는 의미관계에 따라 다시 접속 표지로 이어진 접속문으로 환원될 수 있는 것이 아니다. 예 : 他越说越快。(그가 말할수록 말하는 속도가 빨라진다.) 이와 같은 중국어 예문은 일반 접속문으로 표현할 수 없다. 따라서 긴축문은 접속문의 내용을 나타낼 수 있지만 반드시 접속문이 단축하여 형성한 것이 아니다. 그러므로 이를 '緊縮複句'로 부르는 것은 타당하지 않다고 본다.

중국어의 긴축문은 관련사의 사용 여부에 따라 다음과 같이 두 가지로 분류할 수 있다.[14]

① 관련사를 사용하는 긴축문

이런 경우에 자주 쓰이는 관련사는 '越……越', '不……不', '不……也', '再……也', '非……不', '一……就', '都', '才', '可', '却' 등이 있다.

    (20) 再好的电影我也不看。
        (아무리 좋은 영화라도 나는 보지 않는다.)

    (21) 雨越下越大。
        (비가 갈수록 많이 온다.)

    (22) 他一扭头就看见我了。
        (그는 고개를 돌리자마자 나를 봤다.)

    (23) 他一有空就看书。
        (그는 틈이 날 때마다 책을 읽었다.)

    (24) 你真的非他不嫁吗?
        (너는 정말 그 사람이 아니면 시집 안 가니?)

---

14) 邢福義(2002)에서 긴축문을 관련사를 사용하는 경우, 사용하지 않는 경우 이외에 '这家伙有多少钱花多少钱(이 놈이 돈을 있는 만큼 다 쓴다.)', '他想什么说什么。(그는 생각하는 대로 말한다.)'와 같은 문장을 '準標識 긴축문'이라고 불러 이를 긴축문의 일종으로 본다. 하지만 해당되는 한국어 문장은 접속문이 아니기 때문에 본고에서 이를 다루지 않기로 한다.

(25) 狐狸<u>再</u>狡猾<u>也</u>斗不过好猎手。[15]

(여우가 아무리 교활<u>해도</u> 훌륭한 사냥꾼을 당할 수 없다.)

(26) <u>不</u>见棺材<u>不</u>落泪。[16]

(관을 보지 <u>않으면</u> 눈물을 흘리지 않는다.)

(27) <u>怎么</u>想<u>也</u>想不出办法。

(<u>아무리</u> 생각해 <u>봐도</u> 해결책을 찾지 못했다.)

② 관련사를 사용하지 않는 긴축문

다음과 같은 경우에는 관련사를 사용하지 않는다.

(28) 雨大去不成了。

(비가 많이 오<u>니</u> 가지 못할 것이다.)

(29) 你说什么他都听不进去。

(네가 뭘 말하<u>든지</u> 그에게는 들리지 않는다.)

(30) 我们毕业了去哪儿?

(우리 졸업하<u>면</u> 어디 갈까?)

(31) 雷声大雨点小。[17]

(우레 소리는 크<u>지만</u> 빗방울은 작다.)

---

15) 이는 중국어의 관용표현으로 아무리 교활한 범죄자라도 마침내 경찰한테 잡히게 된
   다는 뜻을 지닌다.
16) 이는 중국어의 관용표현으로 '철저하게 실패하기 전에는 뉘우칠 줄 모른다./ 최후의
   결과를 보기 전에는 그만두지 않는다./ 아주 완고해서 설득하기 어렵다.'라는 뜻을
   지닌다.
17) 이는 중국어의 관용표현으로 홍보는 많지만 행동이 적다는 뜻을 지닌다.

(32) 人在阵地在。
　　　(사람이 있<u>으면</u> 진지가 있다.)

(33) 跑了和尚跑不了庙。[18]
　　　(중은 도망가<u>더라도</u> 절은 도망갈 수 없다.)

(34) 撒谎是你儿子。
　　　(내가 거짓말을 하<u>면</u>, 네 아들이다.)

　긴축문은 구조가 간결하고 표현이 생동적이며 내용의 함량이 많아서 효율적인 표현이라고 할 수 있다. 긴축문은 문어보다 구어에 많이 쓰인다. 위의 예문을 보면 현대 중국어에서 사용하고 있는 긴축문은 다양한 의미관계를 나타낼 수 있다. 그리고 이 중에서 많은 긴축문은 관용적인 표현이어서 접속 표지를 사용하지 않아도 문장 의미의 이해에 영향이 없다.[19] 긴축문과 일반 접속문의 구체적인 이동점 등에 대해서는 제3장에서 의미관계 별로 접속문을 다룰 때 상술할 것이다.

(2) 사자구조

　본고에서 필자는 네 글자로 이루어져 하나의 독립된 문장으로 쓸 수 있는 구조를 四字構造로 부르기로 한다.[20] 중국어의 일부분의 四字成語

---

18) 이는 중국어의 관용표현으로 당장 잡지 못해도 어쨌든 도망할 수는 없다는 뜻을 지닌다.

19) 본고에서 중국어의 관용어, 속어, 성어 등을 관용표현으로 통칭한다. 중국에서 옛날부터 전해온 속어, 成語 등이 간결하고 읽기에 좋기 때문에 지금까지도 중국어 비명시적 논리 연결문의 중요한 구성 성분이 된다. 連淑能(1993) 참조.

20) 呂叔湘(1984)에서 '四字構造'를 '四音節熟語', 連淑能(1993)에서 '四字構造'를 '四字格'

가 이에 해당된다. 예를 들면, '上行下效',[21] '有求必应',[22] '虽败犹荣',[23] '非礼勿视',[24] '不翼而飞',[25] '因小失大',[26] '山高水深',[27] '貌合神离',[28] '精益求精'[29] 등 四字構造는 적어도 한 번 이상의 주술 관계를 갖춘 四字成語이다.[30]

이 밖에 成語가 아닌 다른 표현도 가능하다.

(35) 超速危险!
(과속하면 위험하다.)

(36) 缴枪不杀!
(총을 내 놓으면 죽이지 않겠다!)

위의 예문 (35), (36)은 成語가 아니다. (35)는 도로의 경계문이며 (36)은 전쟁에서 군인이 사용하는 구호이다. 도로에서 운전하는 사람은 긴 문장을 읽을 시간이 없으므로 문장을 짧게 만들어야 하며, 전쟁터의 급한 상황에서도 길게 말을 할 수 없어서 문장을 짧게 만들어야 한다. 또

으로 부르고 있다.
21) 윗사람이 하는 대로 아랫사람이 따라한다는 뜻이다. 한국어의 "윗물이 맑아야 아랫물도 맑다"와 유사하다.
22) '빌면 반드시 응하다.'라는 뜻이다.
23) '패배하더라도 여전히 영광스럽다.'라는 뜻이다.
24) '禮가 아니면 보지도 말라.'라는 뜻이다.
25) '날개도 돋지 않았는데 날아갔다.'라는 뜻이다.
26) '작은 것 때문에 큰 것을 잃게 된다.'라는 뜻이다. 한국어의 '소탐대실'에 해당된다.
27) '산이 높으며 물이 깊다.'라는 뜻이다.
28) '겉으로는 친한 것 같지만, 실은 疏遠하다.'라는 뜻이다.
29) '정교하면 할수록 더욱 정교함을 추구하다.'라는 뜻이다.
30) 중국어의 成語에서 네 글자로 이루어진 成語가 가장 많아서 본고에서는 四字成語만을 예로 들어 서술하는 것이다. 그리고 '四面楚歌'와 같은 명사형 成語는 제외한다.

한 짧은 문장은 경계나 명령적인 어세가 더 강해 보인다. 이런 표현들은 사람들이 오랫동안 중국어를 사용하는 과정에서 점점 고정된 형식으로 굳어진 말이어서 명시적인 논리 연결표지를 사용하지 않아도 문장의 의미가 애매하지 않다. 하지만 이런 문장은 관용적인 표현이어서 마음대로 만들어서 사용할 수는 없는 것이다.

(3) 연동문

한국어의 접속문은 중국어의 일반접속문, 긴축문, 사자구조뿐만 아니라 連動文으로도 표현할 수 있다. 중국어의 연동문은 서로가 성분이 되지 않는 두 개의 동사나 동사구가 이어서 함께 문장의 술어가 되는 문장을 가리킨다.

    (37) 他捡树枝烧火。
        (그는 나뭇가지를 주워서 불태운다.)

    (38) 李老师生病住院了。
        (이 선생이 아파서 입원했다.)

    (39) 他去市场买东西。
        (그는 시장에 가서 물건을 산다.)

위의 예문 (37)에서 동사구 '捡树枝'와 '烧火'가 문장의 술어가 되며 (38)에서 동사구 '生病'과 '住院'이 문장의 술어가 되며 (39)에서 동사구 '去市场'과 '买东西'가 문장의 술어가 된다. 연동문의 주어는 하나뿐이며 술어는 주어에 대한 진술이므로 중국어에서 연동문을 단문의 일종으로 본다.

연동문은 술어를 형성하는 두 개 동사의 관계에 따라 다음과 같이 분류할 수 있다.

① 술어로서의 두 개 동사의 동작이 잇따라 발생한다.

　(40) 他吃过饭喝了一杯茶。
　　　 (그는 밥을 먹고 차 한 잔 마셨다.)

② 첫 번째 동사가 수단이나 방법을 나타내고 두 번째 동사가 목적을 나타낸다.

　(41) 他停下来问路。
　　　 (그가 멈춰서 길을 묻는다.)

　(42) 同学们排队上车。
　　　 (학생들이 줄을 서서 차를 탄다.)

③ 첫 번째 동사가 원인을 나타내고 두 번째 동사가 결과를 나타낸다.

　(43) 我看了那部电影非常受感动。
　　　 (나는 그 영화를 보고 많이 감동을 받았다.)

④ 첫 번째 동사가 두 번째 동사의 진행방식이나 상태를 나타낸다.

(44) 张老汉坐在门口晒太阳。

　　　(장 씨 노인이 현관 앞에 앉<u>아서</u> 햇빛을 쬐고 있다.)

(45) **我们举双手赞成。**

　　　(**우리는** 쌍수를 들<u>어</u> 찬성한다.)

⑤ 두 개 동사가 하나의 동작행위를 정반 양 방면에서 서술한다.

(46) 他板起脸不笑。

　　　(그가 무뚝뚝한 얼굴을 하<u>며</u> 웃지 않는다.)

⑥ 첫 번째 동사의 동작이 두 번째 동사의 동작을 진행할 수 있는 조건이나 근거가 된다.[31]

(47) 我们有信心完成这个任务。

　　　(우리는 이 임무를 완수할 수 있다는 자신감이 있다.)

(48) **她没有办法控制自己的感情。**

　　　(그녀는 자신의 감정을 억누를 수 없었다.)

위의 분석을 통해 알 수 있듯이 위의 여섯째 분류를 제외하면, 대부분의 연동문은 한국어의 접속문으로 번역할 수 있다. 대부분 연동문은 형식이 짧으며 '-아서' 등으로 연결하는 접속문으로 번역될 수 있어서 긴

---

31) 이런 문형의 문장을 연동문으로 보지 않는 관점도 있다. 이외에 중국어에서 '我喜欢看电影。(나는 영화를 보는 것을 좋아한다.)', '他希望成为富翁。(그는 부자가 되고 싶어한다.)'**와 같은** 문장도 첫 번째 동사가 실제의 행동을 요구하지 않는 심리동사이어서 두 **번째 동사구를** 첫 번째 동사구의 목적어로 보아, 이를 연동문으로 보지 않는다.

축문과 혼동될 가능성이 있다. 연동문을 긴축문의 일종으로 보는 관점이 있는가 하면 긴축문을 연동문의 일종으로 보는 관점도 있는데 대부분 학자들은 연동문을 단문, 긴축문을 접속문도 아니고 단문도 아닌 특수형식의 문장으로 본다.[32]

　연동문은 다음과 같은 면에서 긴축문과 구별될 수 있다.

　① 연동문에서 동사구 사이에 다른 성분을 삽입할 수 없고 접속 표지가 나타나지 않는데 긴축문에서 접속 표지가 나타날 가능성이 있다.

> (49)　a. 他推开门<u>就</u>出去了。
> 　　　b. 他推开门出去了。
> 　　　　(그는 문을 밀치고 나갔다.)
>
> (50)　a. 他<u>先</u>回家<u>然后</u>吃饭。
> 　　　b. 他回家吃饭。
> 　　　　(그는 집에 <u>가서</u> 밥을 먹는다.)

　위의 예문 (49a)는 접속 표지 '就'로 연결한 긴축문이며 (49b)는 접속 표지를 사용하지 않는 연동문이다. 예문 (50a)는 관련사 '先……然后'로 연결한 긴축문이며 (50b)는 연동문이다.

　② 연동문은 단문이어서 주어가 하나뿐인데 긴축문은 주술구조가 두 번 나타나며 비동일 주어를 가질 수 있다.

---

32) 盧曼云(1987)에서 긴축문을 연동문의 일종으로 보는데 필자는 긴축문이 연동문보다 더 광범한 내용을 표현할 수 있다고 본다.

(51) a. 他买菜我做饭。

  (그가 장을 보고 내가 밥을 한다.)

 b. 他买菜做饭。

  (그가 장을 보고 밥을 한다.)

위의 예문에서 주술구조가 두 번 나타나는 (51a)는 긴축문이며 주어가 하나뿐인 (51b)는 연동문이다.

2.1.4. 한·중 접속문 체계 대조

한국어에서 접속어미를 대등접속어미와 종속접속어미로 이분하는 분류법은 중국어 접속문의 이분법과 유사점이 더 많아 본고에서 일단 중국어 접속문을 이분하는 관점을 취하여 한국어와 중국어 접속문의 체계를 아래 [표 1]과 같이 대조해 본다.

[표 1] 한국어와 중국어의 문장체계 대비

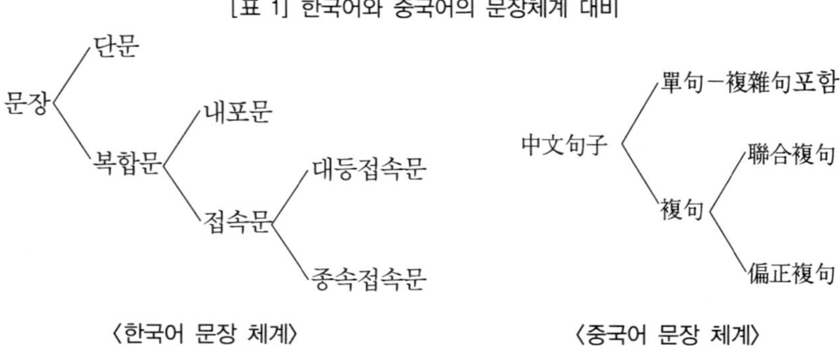

한국어의 복합문(complex sentence)은 복잡한 문장의 뜻으로 내포문과 접속문이 포함되어 있다. 한국어의 내포문은 중국어에서는 소위 하위문이

상위문의 한 성분의 역할을 하는 복잡한 단문, 즉 複雜句의 일종으로 본다.[33) 중국어의 複雜句는 單句에 속한다. 따라서 한국어의 단문과 내포문은 모두 중국어의 單句에 해당된다. 한국어의 접속문은 중국어의 複句에 해당된다. 따라서 본고에서 한국어와 중국어의 접속문에 대한 대조연구는 한국어 접속문과 중국어 複句의 대조연구가 중심이 된다. 논의의 편의를 위해 본고에서는 複句를 중국어의 접속문이라고 칭할 것이며 複句의 앞의 分句를 선행절, 뒤의 分句를 후행절로 용어를 통일하기로 한다.[34)

2.1.5. 한·중 접속문의 통사적 특성

한국어의 원인·결과 접속어미 중에 '-니까'는 모든 종결형의 접속문에서 사용되는데 '-아서'는 명령문과 청유문에서 사용할 수 없다. 이와 달리 중국어의 인과 관계를 나타내는 접속 표지 '因为……所以', '由于……所以'는 모든 종결형에 사용할 수 있다.

> (52) a. <u>因为</u> / <u>由于</u>天气好, <u>所以</u>爬山了。
>   a'. 날씨가 <u>좋아서</u> / <u>좋으니까</u> 등산을 했다.
>   b. 你是<u>因为</u> / <u>由于</u>心情不好, <u>所以</u>才哭的吗?
>   b'. 기분이 안 <u>좋아서</u> / <u>좋으니까</u> 우는 거니?

---

33) 중국어 복잡구의 범위는 한국어의 내포문보다 넓다. 한국어의 이중주어문과 같은 문장도 중국어 복잡구의 일종으로 볼 수 있기 때문이다.

34) 이은경(2000)에서 절을 '주어와 서술어를 갖추었으나 어말어미를 갖추지 않은 구성'이라고 정의하고 있다. 중국어는 형태변화가 없어서 한국어의 '절'에 해당하는 문법 단위가 존재하지 않는다. 본고에서는 논의의 편의를 위해 한국어의 용어를 빌려 쓰기로 한다.

    c. <u>因为</u> / <u>由于</u>事情很多, <u>所以</u>你自己去吧。

    c'. 일이 *많<u>아서</u> / 많<u>으니까</u> 너 혼자 가라.

    d. <u>因为</u> / <u>由于</u>我现在很忙, <u>所以</u>我们以后再谈吧。

    d'. 내가 지금 *바<u>빠서</u> / 바쁘<u>니까</u> 나중에 얘기하자.

    위의 예문 (52)를 보면 한국어의 원인·결과 접속어미 중에 '-니까'는 모든 종결형의 접속문에서 사용되는데 '-아서'는 명령문과 청유문에서 사용할 수 없다. 이와 달리 중국어의 인과관계를 나타내는 접속 표지 '因为……所以', '由于……所以'는 모든 종결형에 사용할 수 있다.

    한국어와 중국어 접속문의 통사적 제약의 이동점은 본고의 제3장, 제4장, 제5장 개별 접속어미에 대한 연구에서 자세히 다룰 것이다.

    구조적인 면에서 한국어 접속문의 선·후행절이 도치될 수 없지만 중국어 접속문에서 선·후행절의 위치가 서로 바뀌어 주절이 앞에 나타나고 종속절이 뒤에 나타나는 '變式句' 형태의 접속문이 있다.

(53) a. <u>如果</u>他有机会读高中<u>的话</u>,他一定能考上大学。

    a'. <u>만약</u> 그에게 고등학교에 입학할 기회가 있<u>으면</u>, 그는 꼭 대학 입시에 합격할 거예요.

    b. 他一定能考上大学, <u>如果</u>他有机会读高中的话。

    b'. 그는 꼭 대학입시에 합격할 거예요. <u>만약</u> 그에게 고등학교에 입학할 기회가 있<u>으면</u>.

(54) a. <u>虽然</u>牌子不同, 东西是一样的。

    a'. 브랜드가 다르<u>지만</u> 물건은 똑같다.

    b. 东西是一样的, <u>虽然</u>牌子不同。

    b'. 물건은 같습니다. 브랜드가 다르<u>지만</u>.

(55) a. <u>要是</u>我来不及回来的话，请你替我向老师问好。

　　 a'. <u>만일</u> 제가 늦게 돌아오게 되<u>면</u> 저 대신 선생님께 인사 드려 주
　　　　세요.

　　 b. 请你替我向老师问好，<u>要是</u>我来不及回来<u>的话</u>。

　　 b'. 선생님께 인사 드려 주세요. <u>만일</u> 제가 늦게 돌아오게 되면.

(56) a. <u>只要是</u>我们两个人在一起，我什么也不怕。

　　 a'. 우리 둘만 함께 있<u>으면</u> 나는 두려울 것 없어.

　　 b. 我什么也不怕，<u>只要</u>是我们两个人在一起。

　　 b'. 나는 아무 것도 두렵지 않다. 우리 두 사람이 함께만 있게 되<u>면</u>.

　위의 예문 (53a')를 보면, 한국어 접속문에서 접속 표지인 접속어미는 선행절의 용언 어간 뒤에 쓰인다. 접속문 선·후행절의 순서가 도치된 (53b')는 더 이상 접속문이 아닌 분리된 두 문장으로 보아야 하는 것이 타당하다. 하지만 중국어 문장인 (53a), (53b)는 모두 접속문의 형태를 갖춘다. 중국어에서 종속절이 앞에 나타나고 주절이 뒤에 나타나는 접속문을 '常式句', 주절이 앞에 나타나고 종속절이 뒤에 나타나는 접속문을 '變式句'라고 한다. (54b), (55b), (56b)도 '變式句'의 예문이며 (54b'), (55b'), (56b')는 해당되는 한국어 표현이다.

　하지만 모든 중국어 접속문의 선·후행절이 도치될 수 있는 것이 아니다.

(57) a. 我<u>先</u>上车，<u>然后</u>坐下。

　　　　(내가 먼저 차에 올라타<u>고</u> 그 다음에 자리에 앉았다.)

　　 b. *我<u>然后</u>坐下，<u>先</u>上车。

　　　　(*내가 나중에 앉았다. 먼저 차에 올라탔다.)

위의 예문 (57a)는 (57b)와 같이 선·후행절이 바뀔 수 없다. 중국어 접속문에서 시간 계기의 경우, 일반적으로 선·후행절이 도치되지 못한다.

선행절보다 후행절의 의미가 점증되는 경우에도 마찬가지다.

> (58) a. 这孩子<u>不但</u>说谎, <u>而且</u>还偷别人的东西。
> (이 아이가 거짓말을 <u>할 뿐만 아니라</u> 남의 물건도 훔친다.)
> b. *这孩子<u>而且</u>还偷别人的东西, <u>不但</u>说谎。
> (*이 아이가 남의 물건도 훔친다. 거짓말을 <u>할 뿐만 아니라.</u>)

중국어 접속문의 후행절이 의문문, 명령문이나 청유문인 경우, 선·후행절의 위치가 서로 바뀌어도 얻는 '變式句'가 더 이상 한 문장이 아닌 두 문장으로 보는 것이 일반적이다.

> (59) a. <u>如果</u>他邀请, 你会去吗?
> (그가 초청하면 너는 갈 거니?)
> b. 你会去吗? <u>如果</u>他邀请。
> (너 갈거야? 그가 초청하면.)

예문 (59a)의 선·후행절이 도치된 (59b)는 한 문장이 아니어서 더 이상 접속문으로 보지 않는다.

한국어 접속문에서 선·후행절의 순서가 변화할 수 없는데 중국어 접속문에서 이것이 가능한 이유는 다음과 같다고 생각된다.

① 접속 표지의 위치 차이

한국어 접속문의 접속 표지는 선행절 용언어간 뒤에 붙어있다. 선·후행절의 위치가 맞바뀌면 접속 표지의 위치가 문말에 있게 된다. 중국어 접속문의 접속 표지가 위치가 일정하지 않지만 주어 앞에 나타나거나 주어 뒤에 나타나거나 대체로 각 절의 앞부분에 나타난다. 선·후행절의 위치가 맞바뀌어도 접속 표지의 위치는 여전히 각 절의 앞부분에 있다.

② 문장 종결형의 형태표지의 차이

한국어 문장 끝에는 항상 종결형 어미가 있다. 접속문 선·후행절의 위치가 맞바뀌면 원래 접속문 후행절의 종결어미가 여전히 존재하기 때문에 한 문장의 끝남을 표시한다. 이에 반하여 중국어의 평서문은 뚜렷한 문장 종결표지가 없다. 선·후행절의 위치가 바뀌면 원래 접속문의 후행절을 완전한 문장으로 볼 수도 있고 뒤에 이어지는 말이 있는 경우에는 끝나지 않는 문장으로 볼 수도 있다.

하지만 중국어의 의문문, 명령문, 청유문의 끝에는 일반적으로 語氣조사가 있다.[35] 이런 어기조사는 형태표지로 볼 수도 있다. 선·후행절의 위치가 바뀌면 이런 어기조사의 존재로 인해 원래 접속문의 후행절 자체를 하나의 완전한 문장으로 본다.

한·중 접속문의 의미적 특성에 대해서는 본고의 제3장, 제4장, 제5장 개별 접속어미에 대한 연구에서 자세히 다룰 것이다.

---

35) 語氣조사는 문말에 나타나 평서문, 의문문, 명령문, 감탄문 등의 구별을 나타내는 조사이다.

2.2. 한국어와 중국어의 접속 표지

접속문에서 한국어와 중국어의 접속 표지는 다음과 같은 면에서 차이가 보인다.

2.2.1. 접속 표지 사용 양상

한국어의 접속문에는 반드시 접속 표지가 나타나야 한다. 접속 표지는 선·후행절을 연결하며 선·후행절의 의미관계를 명확하게 해준다. 대부분의 한국어 접속문은 접속어미에 의해 연결되며 나머지는 의사 접속표현에 의해 연결된다. 이와 달리 중국어의 접속문은 접속 표지가 나타나는 명시적 논리 연결 방식이나 접속 표지가 나타나지 않는 비명시적 논리 연결 방식으로 연결된다.[36] 중국어 접속문에서 접속 표지의 사용 상황은 구체적으로는 다음과 같이 세 가지로 나눌 수 있다.

① 접속 표지를 필수적으로 사용하는 경우

중국어에서 접속 표지를 사용하지 않으면 선·후행절의 의미관계가 달라지는 경우가 있다.

(60) a. 外面刮大风了, <u>不过</u>一点儿也不冷

　　　(밖에 바람이 많이 불었<u>는데</u> 조금도 춥지 않아요.)

---

36) 대부분 중국어 접속문은 '관련사'라는 접속표지에 의해 연결된다. 중국어의 관련사와 한국어의 접속어미의 공통점과 차이점에 대한 연구로는 劉月華 외(1982), 김진아(2000) 등 참조.

  b. *外面刮大风了，一点儿也不冷。
  (*밖에 바람이 많이 불<u>어서</u> 조금도 춥지 않아요.)

(61) a. 她(<u>不仅</u>)长得漂亮，<u>而且</u>性格温柔。
  (그녀는 얼굴이 예쁠 뿐만 아니라 성격도 좋다.)
  b. *她长得漂亮，性格温柔。
  (그녀는 얼굴도 예쁘<u>고</u> 성격도 좋다.)

(60a)의 후행절은 선행절에 의해 추론할 수 있는 상식적인 결과(바람이 많이 불면 춥다)와 다른 결과이다. 선·후행절 사이의 접속 표지 '不过'가 생략될 수 없다. (60b)와 같이 접속 표지를 생략하면 선·후행절이 원인·결과로 해석되어 의미상 비문이 된다. (61a)는 선행절보다 후행절을 더 강조하는 점진 접속문이다. 선행절에 나타난 접속 표지 '不仅'은 생략될 수가 있는데 후행절에 나타난 접속 표지 '而且'는 생략될 수 없다. '而且'가 생략이 되면 문장이 (61b)와 같이 선·후행절이 나열 관계가 된다.

또한 접속 표지를 사용하지 않으면 접속문의 의미관계가 애매해져 두 가지 이상의 의미관계로 해석이 가능한 경우가 있다.

(62) a. 天气冷，我们不去。
  b. <u>因为</u>天气冷，<u>所以</u>我们不去。
  (날씨가 추<u>워서</u> 우리는 가지 않을 것이다.)
  c. <u>如果</u>天气冷，我们<u>就</u>不去。
  (날씨가 추우<u>면</u> 우리는 가지 않을 것이다.)

(63) a. 下雨，我也去。
  b. <u>即使</u>下雨，我<u>也</u>去。
  (비가 오<u>더라도</u> 나는 가겠다.)

    c. <u>虽然</u>下雨, 我<u>也</u>去。
      (비가 오<u>지만</u> 나는 가겠다.)

(64) a. 你<u>赢</u>了, 我请你吃饭。
    b. <u>既然</u> / <u>因为</u>你<u>赢</u>了, 我请你吃饭。
      (네가 이겼<u>으니까</u> 내가 너한테 밥을 사 주겠다.)
    c. <u>如果</u>你<u>赢</u>了, 我请你吃饭。
      (네가 이기<u>면</u>, 내가 너한테 밥을 사 주겠다.)

예문 (62a)는 (62b)인 원인·결과 접속문과 (62c)인 조건·결과 접속문 등 두 가지 의미로 해석이 가능하다. 문장 의미의 애매성을 소거하기 위해 인과 관계 관련사 '因为……所以' 혹은 조건관계 관련사 '如果……就'를 사용해야 한다.[37] (63a)는 지금 비가 내리고 있는지에 따라 (63b), (63c)처럼 두 가지 의미관계로 해석이 가능하다. 문장 의미의 애매성을 소거하기 위해 조건관계 관련사 '即使……也' 혹은 전환관계 관련사 '虽然……也'를 사용해야 한다. (64a)는 선행절의 사실성에 따라 (64b)와 (64c)처럼 두 가지 의미관계로 해석이 가능하다. 원인의 뜻을 나타내려면 '既然', '因为' 등 원인·결과 관련사를 사용하고 가정조건의 뜻을 나타내려면 '如果' 등 조건·결과 관련사를 사용해야 한다.

② 접속 표지를 수의적으로 사용하는 경우
이런 경우는 접속문 선·후행절의 접속 표지가 모두 생략이 가능한 경우를 가리킨다.

---

37) 화용론에서 발화시의 주변 환경에 의거하여 선행절인 '날씨가 춥다'는 사실인지, 가정인지를 알 수 있어 접속 표지를 사용하지 않아도 되지만 발화 배경이 주어지지 않는 일반적인 경우, (62a)와 같은 문장은 중의성을 지닌 문장으로 본다.

(65) (<u>因为</u>)今天是哥哥的生日, (<u>所以</u>)妈妈做了很多好吃的。
(오늘은 오빠의 생일이<u>어서</u> 엄마가 맛있는 요리를 많이 하셨다.)

(66) 你(<u>如果</u>)要用, 自己去借。
(네가 사용하겠<u>다면</u>, 혼자 가서 빌려 와라.)

(67) 发表的人说话速度太快, (<u>所以</u>)我只听懂了一半。
(발표자가 말하는 속도가 너무 빨<u>라서</u> 나는 절반 밖에 못 알아들
었다.)

위의 예문 (65)에서 관련사 '因为……所以'를 모두 생략해도 문장의
선·후행절이 의미상 원인·결과의 논리 관계로 이해되며 다른 의미관
계로 해석이 되지 않는다. 이렇게 접속 표지가 나타나지 않아도 문장의
의미가 뚜렷한 경우, 접속 표지를 수의적으로 사용할 수 있다. 예문 (66)
에서 선행절의 能愿 조동사 '要'가 '-겠-', '-ㄹ 것이다'의 의미를 지니
고 있어서 선행절 사건이 아직 미발생한 사건으로 확인이 가능하여 명
시적 논리 연결 표지를 사용하지 않아도 문장을 조건·결과 접속문으로
판단할 수 있다. 예문 (67)은 역시 후행절에서 완료상을 나타내는 조사
'了'가 있어서 명시적 논리 연결 표지를 사용하지 않아도 문장을 원인·
결과 접속문으로 판단할 수 있다.

③ 접속 표지를 사용하지 않는 경우

(68) a. 我今年20岁, 他今年22岁。
(나는 올해 20살이고 그는 올해 22살이다.)

    b. 他的头冒了汗, 好半天说不出一句话。

      (그는 머리에 땀이 났고, 한참 동안 말이 없었다.)

위의 예문 (68a), (68b)에는 더 추가할 수 있는 나열 관계 관련사가 존재하지 않는다.

중국어 접속문에서 접속 표지가 나타나는 경우도 있고 나타나지 않는 경우도 있다. 접속 표지의 사용 여부가 문장 의미에 끼치는 영향은 다음과 같다.

① 명시적 논리 연결 표지는 그 고유의 의미를 가진 문법적 실체이므로 사람들의 주관적인 판단의 영향을 받지 않는다. 따라서 이는 접속문 선·후행절 관계를 판단하는 객관적인 준칙이 될 수 있다.

② 명시적 논리 연결 표지가 사용되지 않는 경우, 접속문 선·후행절의 의미관계는 문장에 함의되어 있는 내용으로 판단해야 한다. 이럴 때는 선·후행절의 관계가 명확할 가능성도 있고 모호해서 중의성을 지닐 가능성도 있다. 중국어 접속문은 비명시적 결합, 즉 무표지 결합의 성격이 강해서 명시적 논리 연결 표지가 없어도 문장에 중의성이 없는 경우, 명시적 논리 연결 표지를 사용할 수도 있고 비명시적 논리 연결로 문장을 이을 수도 있다.[38)]

③ 명시적 논리 연결 표지를 사용하면 문장의 선·후행절 관계를 명확하게 나타내줄 뿐만 아니라, 선·후행절의 의미관계를 전환하거나 강화하는 효과도 있다. 예를 들면, 아래 예문 (69a)의 선·후행절의 관계가

---

38) 錢乃榮(2001)에서 무표적 접속문은 자유롭고 사람에게 상상의 여지를 남겨 주기 때문에 문학 작품에 많이 쓰인다고 하며 형식표지가 없어서 논리 관계가 애매한 경우가 많아 문맥을 통해서 그 의미를 파악해야 한다고 한다.

명확하지 않지만 다른 종류의 관련사를 첨가하면 (69b)는 원인·결과 접속문이 되고 (69c)는 가설적인 조건·결과 접속문이 되고 (69d)는 유일 조건·결과 접속문이 된다.

> (69) a. 路不好走, 今天不能赶到。
>   (길이 험하다. 오늘 도착할 수 없다.)
>   b. <u>因为</u>路不好走, <u>所以</u>今天不能赶到。
>   (길이 험<u>해서</u> 오늘 도착할 수 없다.)
>   c. <u>如果</u>路不好走, 今天<u>就</u>不能赶到。
>   (길이 험하<u>면</u> 오늘 도착할 수 없다.)
>   d. <u>只有</u>路不好走, 今天<u>才</u>不能赶到。
>   (길이 험<u>해야</u> 오늘 도착할 수 없다.)

2.2.2. 접속 표지 출현 위치와 형태적 특성

한국어 접속문의 접속 표지는 항상 선행절 용언 어간 뒤에 나타나지만 중국어 접속문의 접속 표지는 접속문에서의 출현 위치가 고정적이지 않다. 이 접속 표지는 접속문의 선·후행절에 모두 출현하기도 하고, 혹은 하나의 절에만 출현하기도 한다.[39] 때로는 각 절의 맨 앞에 쓰이기도 하고 때로는 주어와 서술어의 사이에 쓰이기도 한다.

> (70) a. 경적이 울리<u>자마자</u> 강도들이 다 도주했다.
>   b. 警报声<u>一</u>响, 强盗<u>就</u>都逃走了。

---

39) 중국에서는 '절' 대신에 '分句'라는 용어를 사용한다.

    (71) a. 네가 안 온다고 했<u>으니까</u> 나 혼자 갔지.

             b. <u>因为</u>你说你不来，我<u>才</u>一个人去的。

             c. <u>因为</u>你说你不来，我一个人去的。

             d. 你说你不来，我<u>才</u>一个人去的。

    (72) a. 你<u>或者</u>去找他，<u>或者</u>在这里等他来。

             (네가 직접 그 사람을 찾아가<u>든지</u> 아니면 여기서 기다려라.)

             b. <u>或者</u>你去找他，<u>或者</u>他来这儿找你。

             (네가 직접 그 사람을 찾아가<u>든지</u> 그 사람이 너를 찾으러 오<u>든지</u>.)

예문 (70a)에서의 '-자마자'는 예문 (70b)에서의 '一……就'에 해당하여 접속문의 선·후행절에 각각 접속 표지 '一', '就'가 나타난다. 예문 (71a)에서의 '-니까'는 예문 (71b)에서와 같이 선·후행절에 각각 접속 표지 '因为', '才'로 나타날 수도 있고 (71c)나 (71d)에서와 같이 선행절이나 후행절에 하나의 접속 표지만 나타나도 된다. 예문 (72)에서 보듯이 중국어 접속문에서 선·후행절의 주어가 같은 경우, '或者'와 같은 접속 표지는 주어 뒤에 나타나며 선·후행절의 주어가 다른 경우, '或者'와 같은 접속 표지는 주어 앞에 나타나야 한다.

중국어 접속문에서 접속 표지의 위치는 접속문 선·후행절의 주어 동일성 문제, 선·후행절의 의미관계, 접속 표지의 품사 등과 관련이 있는데 구체적인 위치는 상황에 따라 달라질 수 있다. 본고의 제3장, 제4장, 제5장 개별 접속문에 대한 연구에서 접속 표지의 위치문제를 상술할 것이다.

한국어의 접속문은 대부분 접속어미에 의해 연결되며 나머지는 접속어미와 유사한 통사적 특성을 보이는 의사 접속표현에 의해 연결된다.

이에는 '-ㄴ 관계로', '-는 데', '-는 바', '-ㄴ 까닭에', '-ㄴ 후에', '-ㄴ 동시에', '-ㄴ 바람에', '-ㄹ 경우(-ㄴ 경우)', '-ㄹ 때' 등과 같은 명사구 보문 구성, '-기 때문에', '-기 전에'와 같이 명사형 어미에 명사와 조사가 결합한 구성, '-기에', '-기로'와 같이 명사형 어미와 조사가 결합한 구성, '-ㅁ에도 불구하고', '-기 위하여'와 같이 명사형 어미와 활용이 제약된 동사의 활용형이 결합한 구성 등이 있다.

중국어의 일부 접속문은 접속역할을 하는 連詞,[40] 介詞,[41] 副詞[42] 등에 의해 연결되는데 일부 접속문은 무표지 의미적 결합(意合)으로 연결된다.[43] 연사 및 이와 같이 어울려 나타나는 관련 부사를 關聯詞, 혹은 關聯詞語로 통칭한다. 접속문에서 관련사는 두 개가 어울려서 사용되기도

---

40) 중국어에서의 虛詞는 實詞와 상대되어 쓰이는 副詞, 介詞, 連詞, 助詞, 感歎詞, 擬聲詞 등을 통칭하여 이르는 말이다. 허사는 어떤 실질적 의미를 가지지 못하며 문장의 주요 성분도 되지 못하지만 문장에 나타나는 頻度가 매우 높아 거의 모든 중국어 문장에서 허사를 찾을 수 있다. 왜냐하면 허사는 전체 문장의 문법적 의미, 또는 논리적 관계를 나타내기 때문이다.

   a. 唉呀！这个办法太好了。
   b. 小猫喵喵叫。
   c. 从早上到晚上，他给我讲了一天的故事。

   위의 예문 (a)에서의 '唉呀'는 강력한 감정을 나타내는 感歎詞, '太'는 정도를 나타내는 副詞, '了'는 어기를 나타내는 助詞이다. (b)에서의 '喵喵'는 擬聲詞이다. (c)에서의 '从', '到'는 시간을 나타내는 介詞, '给'은 대상을 나타내는 介詞, '了'는 時態를 나타내는 助詞이며 '的'은 구조를 보완하는 助詞이다.

   중국어의 連詞란 단어와 단어, 절과 절, 단락과 단락을 이어주는 접속사를 말한다.

41) 介詞란 명사성 어구 앞에 위치하여 시간, 방향, 장소, 대상, 목적 등 관계를 나타내는 말이다.

42) 일부 부사는 문장에서 연결 역할을 한다. 문장이 하나의 부사로 연결되기도 하고(예1), 두 개 부사로 연결되기도 하고(예2, 예3), 하나의 부사와 하나의 연사 / 개사로 연결되기도 한다(예4, 예5). 예 : 1) 说干就干。 2) 那座新楼又高又大。 3) 非学会不可。 4) 不管多难, 也要坚持到底。 5) 刚来中国时, 我连一个汉字也不认识。

43) 장현주(2006) 참조.

하고 하나가 단독적으로 사용되기도 한다.

> (73) a. 因为路很滑, 所以你走路要小心。
> (길이 미끄러우니까 걸어갈 때 조심해야 된다.)
> b. 既然你赢了, 我请你吃饭。
> (네가 이겼으니까 내가 밥을 사주겠다.)
> c. 女儿越长越漂亮了。
> (딸이 클수록 예뻐진다.)
> d. 下大雨我也去。
> (비가 많이 와도 가겠다.)
> e. 如果你没时间来, 我就去看你。
> (네가 올 시간이 없으면 내가 널 보러 가겠다.)

위의 예문 (73a)는 두 개의 연사 '因为……所以'로 연결된다. (73b)는 하나의 연사 '既然'으로 연결된다. (73c)에서 두 개의 부사 '越……越'이 연결 역할을 하며 (73d)에서 부사 '也'가 연결 역할을 한다. (73e)에서 연사 '如果'와 부사 '就'가 함께 연결 역할을 한다.

접속문에서 두 개 이상의 관련사를 사용하여 더 복잡한 접속문을 만드는 경우도 있다.

> (74) 因为刚才下雨, 所以我去你们学校门口, 打算接你回来, 可是发现你已经走了。
> (아까 비가 와서 너를 데려 오기 위해 너희 학교 앞에 갔는데 너는 벌써 떠났더라.)

> (75) 如果因为同情我, 才和我交往的话, 就请离开我吧。
> (나를 동정해서 나와 사귀었다면, 나를 떠나라.)

위의 중국어 예문 (74), (75)에서 세 개 이상의 접속 표지를 찾을 수 있다. 본고에서 이런 문장의 접속은 논외로 한다.

2.2.3. 접속 표지 의미역

한국어의 조건관계 접속어미 '-면'은 아래 예문에서 각각 다른 의미로 쓰인다.

> (76) a. 네가 내일 우리 집에 놀러오면 내가 밥 해 줄게.
>   b. 如果你明天到我家里来玩的话, 我给你做饭吃。

> (77) a. 보너스를 타면 늘 여행을 갔다.[44]
>   b. 他一发奖金就去旅行。

> (78) [연구실로 찾아와 말을 하지 않는 학생에게, 선생님이]
>   a. 왔으면 말을 해야지요.
>   b. 既然来了, 就得说话呀。

위의 예문 (76a)는 '-면'의 제일 기본적인 용법인 가정조건을 나타내는 구문이다. (77a)는 반복적·습관적 사실을 나타내며 (78a)는 개별사실을 나타낸다. 이 세 가지 용법은 다 조건 접속어미 '-면'의 용법인데 이런 예문에 해당하는 중국어 표현 (76b), (77b), (78b)는 각각 중국어의 가설 조건관계, 반복적·습관적 조건관계, 추론적 인과관계 접속문에 속한다.[45]

---

44) 이 문장을 인과관계 긴축문으로 볼 수도 있다. 긴축문에 대해서는 본고의 2.1.3.2. 참조.

또한, 한국어에서 하나의 형태에 여러 가지의 의미 기능을 갖는 접속 표지가 있는데 중국어에서는 이런 현상이 별로 없다.[46)]

    (79) 주말에 영화도 보고 수영도 했다.
        (周末又看了电影, 又游了泳。)

    (80) 아버지가 아침 식사를 하고 출근하셨어요.
        (爸爸吃完早餐, (然后)上班去了。)

똑같은 형태의 '-고'인데 예문 (79)에서는 나열의 의미 기능이며 (80)에서는 계기의 의미기능을 갖는다. 위의 예문을 통해서 알 수 있는 것은 하나의 접속어미가 언제나 하나의 의미기능만 갖는 것은 아니다. 하나의

---

45) 한국어의 가정조건 접속문은 중국어의 '假设复句'에 해당한다. 한국에서도 일찍 주시경이 '-면'을 '거짓[假定形]'이라고 정의하였다. 이때 해당하는 중국어 연사는 '如果', '假定', '假如', '假使', '假若', '假设', '若是', '倘若', '倘使', '倘或', '如若', '要是', '设若', '设使', '万一', '如', '倘', '设', '令', '若', '苟' 등이 있다. '假设复句'의 종속문에도 조건의 의미가 포함되어 있어서 현대 중국어에서 '假设复句'도 넓은 의미의 '条件复句'의 일종으로 본다. 한국어의 일부 양보·결과 접속문도 중국어의 '条件复句'에 해당된다. 예 : '비가 와도 가자!'(即使下雨, 咱们也去吧。) 제4장에서 이에 대해 상술할 것이다. '如果……(那么)'에 대해서 중국어 학계의 논쟁이 많다. 주로 이를 가설 관계로 보는 관점과 이를 충분 조건관계로 보는 관점 등 두 가지 관점이 있다. 중국어에서의 '假设复句'와 '条件复句'가 서로 통하는 데가 있다. '假设复句'에는 조건의 의미가 포함되며 '条件复句'에는 가정의 의미가 포함되어 있기 때문이다. 齊滬揚 외 (2002) 참조.

46) 중국어에서 '就'는 '旣然', '如果', '只要' 등 관련사와 함께 쓰여 여러 가지 의미 기능을 나타낼 수 있다. 아래 예문 (1)은 계기, (2)는 충분 조건, (3)은 가정조건, (4)는 원인·결과를 나타내는 예문이다. 예 : 1) 他吃完早飯就上学去了。(그가 아침을 먹고 학교에 갔다.) 2) 只要有钱, 就没有买不到的东西。(돈만 있으면 못 살 것이 없다.) 3) 如果你同意, 就签个名字吧。(동의하시면 사인을 부탁드립니다) 4) 旣然他不在, 我就明天再来吧。(그가 없으니까 내가 내일 다시 올게.) 하지만 다른 관련사와 함께 사용하지 않는 경우, 의미가 명확하지 않을 수도 있다.

접속어미는 기준이 되는 의미기능에 따라 각각 다른 범주에 포함될 수
있다.

같은 의미기능을 가진 것으로 이해되어 온 접속어미들도 통사적 제약
뿐만 아니라 의미기능에서 차이가 보인다.

> (81) a. 차표가 없어서 고향에 못 내려간다.
>   b. 차표가 없으니까 고향에 못 내려간다.

이광호(1980)에서는 위의 예문 (81a)는 고향에 가지 못한 원인을 말하
는 것이며 (81b)는 지금 차표가 없어서 당장 고향에 가지 못한다는 결과
를 강조한다고 한다.

또한 전혀 관련이 없는 것으로 보이는 접속어미들도 전제나 함의에
의해 의미론적인 관계를 가질 수 있다.[47]

> (82) a. 돈이 있지만 많지 않다.
>   (虽然有钱，但是不多。)
>   b. 돈이 있는데 많지 않다.
>   (有钱，不过不多。)
>   c. 돈이 있어도 많지 않다.
>   (即使有钱，钱也不多。)

> (83) a. 의견이 없으면 그냥 이렇게 하자.
>   (如果没什么意见，就这么办吧。)
>   b. 의견이 없으니까 그냥 이렇게 하자.
>   (既然没什么意见，就这么办吧。)

---

47) 서태룡(1979b) 참조.

위의 예문 (82a), (82b), (82c)는 각각 대립, 상황·보충, 양보·결과를 나타내는 접속어미로 연결되어 있다. 하지만 이 예문들이 비슷한 의미를 표현할 수 있다. 예문 (83a), (83b)도 각각 조건·결과, 원인·결과를 나타내는 접속어미로 연결되어 있는데 화자의 완곡한 주장을 표현할 때, (83a)도 (83b)와 비슷한 의미로 쓰일 수 있다. 이에 대해서는 제3장에서 상술할 것이다.

한국어와 중국어에서 선·후행절의 의미관계에 따른 접속문의 분류 방법이 다르다. 이에 대해서는 다음에서 상술할 것이다.

2.3. 한국어와 중국어의 접속문 분류

2.3.1. 한국어 접속문 분류

1.3.1.에서 보듯이 접속어미의 분류에 대한 노력은 끊임없이 진행되어 왔다. 접속문 선·후행절의 통사적인 특성, 의미 관계, 선·후행절 행위가 발생하는 시간 관계 등 여러 각도에서 접속어미를 분류하는 시도가 있었다. 전체 접속어미에 대한 분류의 목적은 한국어 문법 체계의 보완 및 습득의 편리성을 추구하는 데에 있다. 하지만 분류를 너무 포괄적으로 하거나 너무 세부적으로 하면 오히려 여러 가지 문제점을 일으킬 수 있다.

아래 [표 2]는 선행연구에서 선·후행절의 의미관계에 따른 접속어미 분류의 대조표이다. [표 2]에서 보듯이 기존 연구에서 전체 접속어미에 대한 분류는 학자에 따라 차이가 있을 뿐만 아니라 동일한 범주에 속하는 접속어미의 명칭도 매우 다양하다.[48]

[표 2] 선행연구에서의 접속어미 의미 범주 비교

주시경 (1910)	최현배 (1937)	이익섭 임홍빈 (1983)	권재일 (1985)	윤평현 (1989)	최재희 (1989)	전혜영 (1989)	남기심 고영근 (1993)	서정수 (1994)	임홍빈 장소원 (1995)	이은경 (2000)	윤평현 (2005)
덩이	공간 나열		연결	나열	병렬	나열	나열	병렬	나열	나열	나열
뒤집힘		반의	상대	대립	대립 대조	대립	상반	대조	반의	대조	대립
	선택		선택 (중첩)	선택	선택	선택	어느쪽 이나 상관 없음	선택	선택	선택	선택
풀이	설명 추정 방임	상황 조건	연결	상황	설명	설명	배경	상황	제시	배경	상황 부가
까닭	사실 구속	이유나 원인	인과	인과	인과	이유 원인	이유나 원인	까닭	인과	원인	인과 목적
거짓	가정 구속	가상 조건	조건	조건	조건	조건	조건/ 가정	조건	조건	조건	조건
홀로	필요 구속						반드시 그래야 함				
	가정 방임 양보 방임 사실 방임	양보	조건	양보	양보	양보	조건/ 가정	양보	양보	양보	양보

---

48) [표 2]는 이은경(2000 : 203) 참조.

	도급	결과	결과	결과	결과	결과	정도	결과	결과	결과	결과
잇어함(한일/다른일)	시간나열(순차/연발)	시간(동시/계기)		시간	순차	동시계기	동시	시간(동시/순차)	시간	선행	시간
그침	중단	전환	첨의	전환	전환	전환	다른일로바뀜	전환	계기		전환

전통적인 문법 기술에서 접속어미를 분류할 때, 일반적으로 우선 접속문을 대등접속문과 종속접속문으로 나누었다. 하지만 대등접속문에 속한 '나열', '대립', '계기' 관계 접속문의 선·후행절이 통사적이나 의미적으로 항상 '대등'의 위치에 처하는 것이 아니다.

(84) a. 어제 점심을 먹고 영화를 보았다.
     b. 어제 영화를 보고 점심을 먹었다.

(85) a. 돈은 많지만 행복하지 않다.
     b. 행복하지 않지만 돈이 많다.

위의 예문 (84)는 대등접속문에 속한 계기 접속문이다. 선·후행절의 발생순서가 시간 순서를 따르고 있어 선·후행절이 맞바뀌면 접속문의 의미가 달라진다. 예문 (85)는 대등접속문에 속한 대립 접속문이다. 접속문에서 강조하려는 의미 초점이 후행절에 있다. 선·후행절의 위치를 맞바꾸면 접속문에서 강조하려는 의미 초점이 달라진다. 예문 (85a)는 '행복하지 않다'는 것을 강조하며 예문 (85b)는 '돈이 많다'는 것을 강조한다. 이에 대해 한동완(1996)은 접속문 선·후행절의 활용어미의 성격이 각기 그 절의 위상을 결정하는 데 크게 작용하기 때문에 접속어미에 의해 성분지휘되는 절과 종결어미에 의해 성분지휘되는 절이 과연 대등하게 연결될 수 있는지에 대해서 회의의 태도를 표하였다. 이은경(2000)에서는 접속어미에 이어진 절과 절의 관계를 정도성의 차이로 파악하고 있다. 이런 관점에서 본고에서도 대등접속문과 종속접속문의 차이를 고려하지 않는다.

위의 [표 2]에서 학자들은 한국어의 접속어미를 최소 8가지, 최대 13가지로 나누고 있다. 분류의 합리성의 문제를 떠나, 기존 연구는 대개 접속문 하위분류의 명칭을 명명할 때 명명기준의 일관성을 지키지 못한 문제가 있다. 예를 들면, '대조', '인과'는 선·후행절 양쪽의 특성을 모두 고려한 의미관계의 명칭이라고 볼 수 있지만 '조건', '양보'는 접속문에서 선행절의 의미역할만 고려한 명칭이며 '결과'는 접속문에서 후행절의 의미역할만 고려한 명칭이다. 또한 '시간'과 같은 명칭의 의미도 명확하지 않다.

한국어에서 접속어미의 수량이 많을 뿐만 아니라 각각 접속어미의 의미, 용법도 복잡하다. 따라서 전체 접속어미를 가지고 직접 그들의 의미 체계를 수립하는 것은 적절하지 않다.

접속문의 선·후행절이 관련적인 사건이라면 당연히 그들 사이에 어떤 시간 관계나 논리 관계가 존재한다.

    (86) a. 아들이 의사이며 딸이 교사이다.
         b. 그가 노래를 하며 춤을 춘다.

위의 예문 (86a), (86b)는 모두 접속어미 '–며'에 의해 연결되어 있다.

선행연구에서 '-며'를 나열 관계 접속어미로 보거나 동시 관계 접속어미로 보았다. 하지만 (86a)의 선·후행절은 논리적으로 대등한 위치에 처하며 (86b)의 선·후행절 술어는 시간적으로 동시에 발생하는 사건이다. '-며'는 예문 (86a)와 (86b)에서 서로 다른 역할을 하고 있다. 한국어의 기타 접속문도 마찬가지로 선·후행절이 시간 관계나 논리 관계를 이룬다. 본고에서는 일차적으로 한국어의 접속문을 선·후행절의 시간 관계, 논리 관계에 따라 크게 몇 가지로 분류한 다음에 선·후행절의 구체적인 의미관계에 따라 이들을 자세히 분류하고 접속 관계의 명칭을 다시 명명해 보고자 한다.

본고에서는 한국어 접속문의 접속유형을 의미론적 기준에 따라서 13가지로 분류하고 접속문 선·후행절 양쪽의 특성을 고려하여 이들을 명명하였다. 이 중에서 '전환', '대립', '선택' 접속어미의 명칭은 기존 연구와 같은 명칭을 사용하였다. '나열' 접속어미의 명칭도 기존 연구에서 사용되었지만 본고에서 말하는 '나열' 접속어미는 '동시' 접속어미를 제외한 것이다. 이 밖에 본고에서 말하는 '시간계기'는 기존 연구에서의 '계기'에 해당한다. 상황·발견과 상황·보충은 기존 연구에서 '제시', '설명', '상황'이나 '배경' 접속어미 등으로 불렸는데 본고에서 이를 두 가지로 나누었다. 또한 본고에서의 목적·시행과 결과·시행도 기존 연구에서 '결과'로 보았는데 본고에서 선행절의 의미에 따라 이를 두 가지로 분류하였다. 본고에서의 원인·결과는 선행연구에서의 '인과'에 해당하고 조건·결과와 양보·결과도 선행연구에서 각각 '조건' 관계, '양보' 관계로 불렸다. 이를 도표로 나타내면 다음과 같다.

[표 3] 접속어미의 명칭과 분류 비교

기존 연구에서의 명칭과 분류	본고에서의 명칭과 분류
나열	나열
	동시
계기 / 순차 / 시간	시간계기
전환	전환
제시 / 설명 / 배경 / 상황	상황·발견
	상황·보충
대립	대립
선택	선택
결과	목적·시행
	결과·시행
조건	조건·결과
원인 / 인과 / 까닭	원인·결과
양보	양보·결과

본고에서 한국어 전체 접속어미에 대한 분류는 다음과 같은 도표로
나타낼 수 있다.

[표 4] 시간 관계와 논리 관계에 따른 접속어미 분류

접속 관계	대　분　류
시간 관계	동시
	시간 선후
	시간 후선
논리 관계	논리 대등
	상황 보충
	논리 인과

[표 5] 한국어 접속어미의 명칭과 분류[49]

접속 관계	대분류	세부분류	대표 접속어미
시간 관계	동시	동시	-며, -면서, -고
	시간 선후	시간계기	-고, -고서, -자, -아서
		전환	-다가
		상황·발견	-니까
	시간 후선	목적·시행	-려고, -러, -고자
		결과·시행	-게, -도록
논리 관계	논리 대등	나열	-고, -며, -면서, -거니와
		대립	-나, -아도, -지만, -건만
		선택	-거나, -든지
	상황 보충	상황·보충	-ㄴ데, -ㄹ수록
	논리 인과	원인·결과	-아서, -니까, -므로
		조건·결과	-면, -거든, -ㄹ진대
		양보·결과	-아도, -더라도, -ㄹ지라도, -ㄴ들

위의 도표에서 보듯이 본고에서는 우선 한국어 접속문 선·후행절의 접속 관계를 시간 관계와 논리 관계 등 두 가지로 나누었다. 시간관계 접속문은 다시 '동시', '시간 선후'와 '시간 후선' 관계로 나눌 수 있다. '시간계기', '전환', '상황·발견' 접속문의 선행절은 항상 후행절보다 우선 발생하여 시간 선후 관계에 해당하며 '목적·시행', '결과·시행' 접속문의 후행절 사건은 항상 선행절 사건보다 먼저 시행되어 이는 '시간 후선' 관계에 해당한다.

나머지 접속문의 선·후행절은 시간 관계가 명확하지 않다.

---

49) 도표에서 열거한 접속어미는 자주 사용되는 접속어미의 예시이며 접속어미 전부를 열거한 것이 아니다.

(87) a. 나는 고양이를 좋아하<u>지만</u> 개를 별로 안 좋아한다.
　　　 b. 내일 시험이 있<u>으니까</u> 오늘 일찍 잘래.

위의 예문 (87a)에서 선·후행절이 어떤 시간 관계를 이룬다고 말할 수 없다. (87b)에서 선행절이 후행절의 원인이 되지만 '원인 사건'이 먼저 발생하고 '결과 사건'이 나중에 일어나는 일반적인 원인·결과 관계 접속문과 달리 선행절의 원인은 내일 발생할 예정의 일인데 결과는 오늘 밤에 영향을 끼친다. 위의 예문에서 보듯이 이런 접속문은 선·후행절의 시간 관계가 일정하지 않다. 이런 접속문의 선·후행절은 논리 관계로 연결된다.

본고에서 선·후행절이 논리 관계를 이루는 접속문은 다시 '논리 대등', '상황 보충', '논리 인과' 등 세 가지로 나누었다. 나열, 대립, 선택 접속문의 선·후행절은 논리 대등 관계를 이룬다. 상황·보충 접속문의 후행절은 선행절에 대한 보충설명이어서 접속문의 선·후행절의 논리 관계는 상황·보충으로 본다. 원인·결과, 조건·결과, 양보·결과 접속문의 선·후행절은 논리 인과 관계를 이루고 있다고 본다.

본고에서는 논리 인과 관계의 원인·결과 접속문, 조건·결과 접속문, 양보·결과 접속문을 중심으로 해당 중국어 표현과 대조 연구해 본다. 이 세 가지 접속문을 논리 인과 관계 접속문으로 보는 이유는 다음과 같다.

① 원인·결과 접속문의 선·후행절은 논리 관계이다.

원인·결과 접속문 선·후행절의 논리관계는 실제세계논리(객관논리)와 화자의식논리(주관논리) 두 가지로 나뉠 수 있다.[50]

(88) a. 머리가 아파서 병원에 갔다.
     b. 내일 시험이 있으니까 오늘 일찍 잘래.

위의 예문 (88a)의 선행절은 후행절 사건을 야기시킨 원인이며 이는 실제세계논리에 해당한다. 예문 (88b)의 선행절은 시간상 후행절보다 늦게 발생하는 사건을 나타낸다. 선행절은 아직 발생하지 않는 사건이지만 화자의 의식 속에서 이는 후행절의 사건이 발생하는 원인이 된다. 이는 화자의식논리에 해당한다. 따라서 원인·결과 관계 접속문의 선·후행절은 시간관계가 아닌 일종의 논리관계가 된다.

② 조건·결과 접속문의 선·후행절은 논리관계이다.

(89) a. 내일 비가 오면 운동회가 취소될 것이다.
     b. 내일 비가 오면 내가 밥 사 줄게.
     c. *내일 비가 오면 우리 스키 타러 가자.

위의 예문 (89a), (89b)는 조건·결과 접속문이다. (89a)의 발화 전제는 '운동회의 개최 여부가 날씨의 영향을 받는다.'라는 주지의 사실이다. (89b)는 화자와 청자가 내기를 하였을 때나 비가 오는 것을 일종의 신호로 정하였을 때 사용할 수 있는 문장이다. 이와 달리 (89c)는 문법에는 문제가 없지만 '눈이 올 때 스키를 탈 수 있고 비가 올 때 스키를 탈 수 없다.'라는 상식과 충돌되어 비문으로 볼 수 있다. 위의 예문에서 보듯이 조건·결과 접속문의 선·후행절도 논리관계가 된다.

---

50) 임은하(2002) 참조.

③ 양보 · 결과 접속문의 선 · 후행절은 논리관계이다.

> (90) a. 부모가 반대<u>해도</u> 그와 결혼할 것이다.
>   b. 부모가 허락하<u>면</u> 그와 결혼할 것이다.
>   c. 부모가 반대하<u>면</u> 그와 결혼하지 않는다.
>   c'. 부모가 반대하<u>면</u> 그와 결혼한다.

위의 예문 (90a)는 양보 · 결과 접속문이다. 양보 · 결과 접속문의 선행절도 상황에 대한 가정으로 볼 수 있다. 다만 이 가정은 극적인 가정일 수도 있고 선호되지 않는 가정일 수도 있다. 위의 예문 (90a)는 부모가 반대하는 상황과 반대하지 않는 상황을 가정하여 후행절의 결정을 내리는 것이다. 이런 가정 중에는 (90b)와 같이 조건 · 결과에 속한 가정조건도 포함되어 있고 (90c)와 같은 일반적인 상식 조건과 반대되는 (90c')와 같은 가정도 포함되어 있다. 결국 양보 · 결과 관계 접속문의 선 · 후행절도 일종의 논리관계를 갖는다.

이상에서 원인 · 결과, 조건 · 결과, 양보 · 결과 접속문의 선 · 후행절은 논리관계이며 이들이 밀접한 관계를 맺고 있는 것을 확인할 수가 있었다. 본고에서는 선 · 후행절의 의미관계를 반영하여 이들을 논리 인과 관계 접속문으로 부르고 해당 중국어 구문과 자세히 대조해 본다.

2.3.2. 중국어 접속문 분류

의미관계에 따른 중국어 접속문의 분류는 학자에 따라 서로 견해가 다른데 대체로 아래와 같이 聯合관계, 選擇관계, 轉換관계, 承接관계, 條件관계, 目的관계, 因果관계, 漸進관계, 解說관계 등 9가지로 나눌 수 있다.

(1) 聯合관계

   중국어의 聯合관계 접속문의 선·후행절이 대등하고 서로 꾸미거나 해설하지 않는다. 선행절과 후행절의 위치를 맞바꿔도 문장이 성립하며 문장의 의미변화가 없다.

    (91) 他<u>既</u>会说汉语, <u>又</u>会说英语。
        (그는 중국어도 할 줄 알<u>고</u> 영어도 할 줄 안다.)

    (92) 我们<u>要</u>复习, <u>还要</u>预习。
        (우리는 복습도 해야 하<u>고</u> 예습도 해야 한다.)

    (93) 我今年20岁, 他今年22岁。
        (나는 올해 20살이<u>고</u> 그는 올해 22살이다.)

    (94) 小王是上海人, 小王的丈夫<u>也</u>是上海人。
        (왕 씨는 상해 사람이<u>고</u> 왕 씨의 남편도 상해 사람이다.)

   위의 예문 (91), (92), (93), (94)는 聯合관계 접속문이다. 이 예문들의 선·후행절의 순서를 맞바꿔도 문장에 의미변화를 일으키지 않는다. 예문 (91)에서는 관련사 '既……又', 예문 (92)에서는 관련사 '要……还要'를 사용하고 있다. (91), (92)는 선·후행절의 주어가 동일하여 후행절의 주어가 생략되어 있다. 예문 (93)에서는 관련사를 찾아볼 수 없다. 관련사를 사용하지 않는 예문 (93)의 선·후행절의 주어가 다르다. 중국어의 연합 관계 접속문에서는 선·후행절의 주어가 다른 경우, 관련사를 사용하지 않는다. 하지만 (94)와 같이 선·후행절의 서술어가 같은 경우에는 선·후행절의 주어가 달라도 관련사를 사용하여 절을 연결해야 한다. 그래서 중국어의 연합 관계 접속문에서 선·후행절의 주어가 다르고 서술어의 의미가 다른 경우에 접속문에서 관련사를 사용하지 않는다고 할 수 있다.[51]

(2) **選擇관계**

중국어의 選擇관계 접속문은 '중립적 선택', '대립적 선택', '양보적 선택' 등 3가지로 나눌 수 있다.

① 중립적 선택

접속문의 선·후행절에서 말한 두 가지 이상의 사항 중에서 하나를 고르는 것이다. 이런 접속문은 관련사 '或者', '不是……就是', '要么……要么', '是……还是'를 사용한다. 이런 경우는 접속 표지를 생략할 수 없다.

(95) <u>要么</u>你去, <u>要么</u>我去。
　　 (네가 가<u>거나</u> 내가 간다.)

(96) 你可以在奶奶家吃完晚饭回来, <u>或者</u>在那里住一宿, 随你的便了。
　　 (할머니 집에서 저녁을 먹고 오<u>든지</u> 하루 자고 오<u>든지</u> 네 마음대로 해라.)

---

51) '서술어의 의미가 다른 경우'와 같이 규정한 이유는 중국어 연합 관계 접속문 선·후행절 서술어의 형태가 다르지만 의미가 비슷한 경우에도 관련사를 사용해야 하기 때문이다. 예 : 老大聪明, 老二<u>也</u>不笨。(큰애가 똑똑하고 둘째도 둔하지 않다.)

② 대립적 선택

접속문의 선·후행절에서 말한 상황이 대립적인 경우, 두 상황을 비교한 다음에 그 중의 하나를 포기하고 다른 하나를 선택한다. 이런 접속문은 관련사 '与其……不如'나 '宁可……也不'를 사용한다. '与其……不如'는 선행절의 상황을 포기하고 후행절의 상황을 선택하는 경우에 쓰이며 '宁可……也不'는 후행절의 상황을 포기하고 선행절의 상황을 선택하는 경우에 쓰인다. 선행절에 나타난 관련사 '与其'와 '宁可'는 생략될 수 있다.

> (97) (<u>与其</u>)去麻烦别人, <u>不如</u>自己辛苦点儿。
> (다른 사람에게 폐를 끼치느니 차라리 혼자 좀 고생하는 게 낫겠다.)

> (98) 他(<u>宁可</u>)骑自行车去, <u>也不</u>坐那么挤的公共汽车。
> (그는 자전거를 타고 가는 한이 있을지언정 붐비는 공중버스는 타지 않는다.)

③ 양보적 선택

접속문 후행절의 목적을 달성하기 위해서 선행절의 차선적 선택을 택하게 된다. 이때 더 좋은 선택은 문장에 나타난 것이 아니라, 상식으로 알 수 있는 것이다. 이런 접속문은 관련사 '宁可……也'를 사용한다. 선행절에 나타난 관련사 '宁可'는 생략될 수 있다.

> (99) 我(<u>宁可</u>)不睡觉, <u>也</u>要把这本小说看完。
> (나는 잠을 못 자도 이 소설책을 다 읽겠다.)

> (100) 妈妈(<u>宁可</u>)自己少吃一点儿, <u>也</u>要让孩子吃饱。
> (엄마는 자기가 적게 먹어도 자식은 꼭 배부르게 먹인다.)

(3) 轉換관계

중국어의 轉換관계 접속문은 선행절에서 어떠한 상황을 말한 다음에, 후행절에서 그 뜻에 상반되는 상황을 말하거나 관련적인 사항을 보충 설명한다. 대부분의 전환관계 접속문은 선행절에 '虽然', '尽管' 등 관련사를 사용하며 후행절에 '但是', '可是', '不过', '然而' 등 관련사를 사용한다.52)

(101) (虽然)我以前看过这本小说, 但是主要内容都忘了。
(나는 전에 이 소설책을 읽은 적이 있는데 소설의 내용을 거의 다 잊어버렸다.)

(102) (虽然)他的病已经好了许多, 但是要完全恢复还需要很长一段时间。
(그의 병이 많이 나아졌지만 몸이 완전히 회복되려면 아직 시간이 많이 필요할 것 같다.)

(103) (虽然)那个人说得很好, 但是不付诸行动。
(그 사람은 말은 잘하되 행동은 따르지 않는다.)

(104) (虽然)她长得漂亮, 可是不讨人喜欢。
(그녀는 예쁘게 생겼는데 귀여운 데가 없다.)

(105) (虽然)有电影票, 也没去看电影。
(표가 있어도 영화를 보러 가지 않았다.)

---

52) 이 네 개 연사의 의미, 용법이 거의 똑같은데 '可是', '不过'의 전환 어세가 '但是'보다 부드럽다. 또한 '可是', '不过'는 구어에 많이 쓰이며 '然而'는 문어에 많이 쓰인다. '不过'는 일반적으로 '虽然', '尽管' 등과 같이 사용하지 않는다.

(106) (即使)人手不够, 也不用他。
　　　 (일손이 부족<u>해도</u> 그 사람을 쓰지 않을 것이다.[53])

　이상의 예문에서 보듯이 중국어의 전환관계 접속문에서 선행절에 사용된 관련사 '虽然'는 수의적으로 생략될 수 있다. 후행절에 사용된 관련사 '但是', '可是', '也'는 일반적으로 생략하지 않는다. 하지만 아래 경우는 예외로 볼 수 있다.

(107) a. <u>虽然</u>脑子笨, <u>但是</u>手很灵巧。
　　　 b. 脑子笨, <u>但是</u>手很灵巧。
　　　 c. 脑子笨, 手很灵巧。
　　　　 (머리는 나쁠망정 손재주가 많다.)

　예문 (107)의 선·후행절은 문법 구성상 모두 주어와 서술어로 이루어지며 의미상 대조적인 의미관계를 형성하고 있다. 이런 경우에는 선행절에 사용된 관련사 '虽然'만 생략해도 되고 선·후행절에 사용된 관련사를 모두 생략해도 된다.

　이 밖에 접속 표지를 사용하지 않는 전환관계 접속문도 있다. 이런 접속문에 '并'이라는 부사를 사용해서 否定語氣를 강조하는 경우가 많다.[54]

(108) 他看了一眼, 并没有在意。
　　　 (그가 한 번 보기는 봤<u>는데</u> 별로 신경을 안 썼다.)

---

53) 邢福義(2002)에서 '即使……也', '虽然……但是' 등으로 연결되는 접속문을 '轉換類 접속문' 중의 일종인 '讓步' 관계 접속문으로 정의한다. 전통적인 중국어 접속 관계의 하위분류에서 '讓步' 관계가 존재하지 않아 본고에서는 '虽然……但是'를 '轉換'관계, '即使……也'를 '條件'관계 관련사로 본다.

54) 周靜(2007) 참조.

(109) 我们征求过他的意见, 他当时并没有反对。
(우리는 그에게 의견을 구해봤는데 당시에 그는 반대하지 않았다.)

(4) 承接관계

중국어의 承接관계 접속문의 각 절이 연속적인 동작 행위를 묘사하거나 연속적인 사건을 시간 순서에 따라서 서술한다. 그래서 선·후행절의 순서는 맞바꿀 수 없다. 중국어 승접관계 접속문 선·후행절의 시간 선후 관계가 명확하면, 관련사를 사용하지 않는 경우가 많다. 관련사가 필요할 때, 선행절에는 '先', 후행절에는 '然后', '就', '便', '接着' 등 관련사를 사용한다.

(110) 他说了声再见, 就走了出去。
(그는 '안녕'이라고 한 번 말하고 걸어 나갔다.)

(111) 先是听到一阵脚步声, 接着就看到几个人走了进来。
(잠시동안 발걸음 소리가 들리고 잇따라 몇 사람이 들어오는 것을 봤다.)

(112) 我打看窗户, 看到我的朋友正在家门口等我。
(내가 창문을 열어 보니까 친구가 집 앞에서 나를 기다리고 있었다.)

(113) 去首尔以后, 发现那里车很多。
(서울에 가 보니까 자동차가 많았다.)

(114) (我)把手伸进水里, 发现水很凉。
(물속에 손을 넣어 보니까 차갑더라.)

(115) 听了您的话, <u>才</u>发现我弄错了。

　　　 (말씀을 듣고 보<u>니까</u> 제가 틀렸군요.)

(116) 我<u>翻</u>开本子, 看到孩子画得乱糟糟的。

　　　 (내가 공책을 펴 보<u>니까</u> 아이가 낙서를 많이 했네.)

(117) <u>先</u>是下了一阵雨, <u>然后</u>又下了雪。

　　　 (비가 오<u>다가</u> 눈이 온다.)

(118) 哲洙去釜山见到了英姬。

　　　 (철수가 부산에 갔<u>다가</u> 영희를 만났다.)

(5) 條件관계

중국어 條件관계 접속문의 선행절에서 조건을 제시하고, 후행절에서 이 조건이 실현되었을 경우 어떤 결과가 나올 것인지를 설명한다. 선행절 조건의 종류에 따라 일반조건문과 가정조건문으로 나눌 수 있다.

일반조건문은 '只有……才', '除非……不'와 '除非……才' 등 유일한 조건임을 나타내는 必要조건 관련사, '只要' 등 충분한 조건임을 나타내는 充分조건 관련사와 '不论……都', '无论……都' 등 선행절 조건의 실현여부와 관계없이 후행절의 사건이 발생할 수 있다는 뜻을 나타내는 無條件 관련사로 연결된다.

가정조건문은 선행절이 가정적인 의미를 나타내는 '要是', '如果', '假使' 등 관련사로 연결된다.

(119) <u>除非</u>您亲自来，<u>才能</u>说服这<u>些</u>人。
      (선생님께서 직접 오<u>셔야</u> 이 사람들을 설득할 수 있을 것입니다.)

(120) <u>只要</u>您需要帮忙，请随时跟我联系。
      (도움이 필요하<u>면</u> 언제든지 연락해 주세요.)

(121) <u>不论</u>有多少听众，我<u>都</u>要准备好这次演讲。
      (듣는 사람이 얼마나 <u>되든 간에</u> 나는 이번 특강 준비를 잘하고 싶다.)

(122) <u>如果</u>你现在不忙，帮我夏印一下好吗?
      (지금 바쁘지 않<u>으면</u> 복사 좀 대신해줄래?)

위의 예문 (119), (120), (121)은 각각 필요조건, 충분조건과 무조건을 나타내는 일반조건문이며 (122)는 가정조건문이다.

이 밖에 중국어에서 '怎么……也' 등으로 연결되는 緊縮文도 조건관계를 나타낼 수 있다.

중국어의 조건관계 접속문에 대한 자세한 내용은 4.2.에서 다룰 것이다.

(6) 目的관계

중국어의 目的관계 접속문은 한국어의 목적 · 시행, 결과 · 시행관계 접속문에 해당될 때도 있고 서술의 순서가 한국어의 목적 · 시행, 결과 · 시행관계 접속문과 정반대될 때도 있다. 이런 관계의 접속문의 선 · 후행절에서 일반적으로 관련사를 생략하지 않는다.

(123) <u>为了</u>让家人吃得好, 妈妈去料理培训学校学做菜。
(식구들이 잘 먹을 수 있<u>도록</u> 엄마가 요리학원에 다닌다.)

(124) 家里应该放一点现金, <u>以备</u>一时之需。
(직역 : 집에 현금을 좀 둬야 한다. 갑자기 돈이 필요할 때를 대비
하기 위해서.)
(의역 : 갑자기 돈이 필요할 때를 대비할 수 있<u>도록</u> 집에 현금을
좀 둬야 한다.)

위의 예문 (123)은 한국어의 목적 · 시행 접속문에 해당된다. (124)의
서술 순서는 시행 · 목적이므로 한국어의 목적 · 시행 접속문과 정반대가
된다.

(7) 因果관계

중국어의 因果관계 접속문은 일반적으로 선행절에서 원인을 설명하고,
후행절에서 결과를 나타낸다. 선행절에서 결과가 나타나고 후행절에서
원인을 설명하는 경우도 있다. 아래 예문 (125)는 전자에 해당하고 (126)
은 후자에 해당한다.

(125) 他(<u>因为</u>)天天早上锻炼, (<u>所以</u>)身体越来越好。
(그는 매일 아침에 운동하<u>기</u> 때문에 몸이 갈수록 좋아진다.)

(126) 他(<u>之所以</u>)不高兴, <u>是因为</u>输了钱。
(그가 기분이 안 좋은 이유는 돈을 잃어버렸기 때문이다.)

위의 예문 (125)의 선·후행절의 관련사가 수의적으로 생략될 수 있다. (126)과 같이 선행절에서 결과가 나타나고 후행절에서 원인이 나타나는 경우는 선행절의 관련사가 생략될 수 있지만 후행절의 관련사가 생략되지 않는다.

이 밖에 중국어의 인과관계 접속문에서 한국어의 상황·보충 관계, 조건·결과 관계 접속문에 해당되는 접속문도 있다.

(127) a. 既然其他人都去, 我们也去吧。
　　　 b. 다들 가는데 우리도 가자.

(128) a. 既然现在还没来, 今天可能不来了。
　　　 b. 아직 오지 않은 걸 보면, 아마도 오늘은 오지 않을 것 같다.

예문 (127a), (128a)는 각각 (127b), (128b)에 해당된다. 중국어에서 '既然……就'로 연결된 문장은 모두 인과관계 접속문으로 분류되어 있는데 해당 한국어 문장 (127b)는 상황·보충 관계 접속문이며 (128b)는 조건·결과 관계 접속문이다. 중국어의 인과관계 접속문에 대한 자세한 내용은 3.2.에서 다룰 것이다.

(8) 漸進관계

漸進관계 접속문의 후행절은 선행절보다 의미가 한층 점증된다. 선행절에 관련사 '不但', '不仅', '不光', '不单'을, 후행절에 관련사 '而且', '并且', '况且', '何况', '以至', '甚至', '也', '还' 등을 사용하여 서로 호응시킨다.

(129) a. 我<u>不但</u>看过这个电影，<u>而且</u>看过很多次。

    b. 我看过这个电影，<u>而且</u>看过很多次。

    c. 我看过这个电影，看过很多次。

    d. *我<u>不但</u>看过这个电影，看过很多次。

    (나는 이 영화를 본 적이 있을 <u>뿐만 아니라</u> 여러 번 봤다.)

(130) a. 她<u>不但</u>会说汉语，<u>而且</u>说得很地道。

    b. 她会说汉语，<u>而且</u>说得很地道。

    c. 她会说汉语，说得很地道。

    d. *她<u>不但</u>会说汉语，说得很地道。

    (그녀는 중국어를 할 줄 <u>알 뿐만 아니라</u> 정말 잘한다.)

(131) a. 这条路平时<u>都</u>经常堵车，<u>何况</u>今天是周末呢。

    b. 这条路平时经常堵车，<u>何况</u>今天是周末呢。

    c. *这条路平时经常堵车，今天是周末呢。

    d. *这条路平时都经常堵车，今天是周末呢。

    (이 길은 평소에도 잘 막히<u>는데</u> <u>하물며</u> 오늘은 주말이다.)

(132) 下雨了，<u>而且</u>是倾盆大雨。

    (비가 오<u>는데</u> 너무나 많이 쏟아진다.)

위의 예문 (129b), (129c), (130b), (130c)에서 보듯이 중국어의 점진관계 접속문에서 선행절에 관련사가 나타나지 않고 후행절에만 '而且', '幷且' 등 관련사를 사용하거나 선·후행절의 점진관계가 명확할 때, 선·후행절에서 관련사를 모두 생략할 수도 있다. 하지만 (129d), (130d)와 같이 선행절에만 관련사를 사용하면 문장의 안정감이 떨어지기 때문에 선행절에만 관련사를 사용하지 않는다. (131)과 같은 '都……何况'으로 연결된 접속문에서 선행절의 관련사 '都'가 생략될 수 있지만 후행절의 관련사 '何况'은 생략될 수 없다. '何况'이 생략된 (131c), (131d)는 비문이다. (132)와 같이 선·후행절에서 한 가지 일을 서술하며 후행절이 선행절보다 의미가 점증되는 경우, 한국어의 상황·보충 접속문에 해당할 수 있다. 관련사가 없으면 선·후행절의 점진관계가 명확하지 않은 경우, 선·후행절에 모두 관련사를 사용해야 된다.

(133) a. <u>不但</u>我去了，他<u>也</u>去了。
   (나만 갔을 뿐만 아니라 그도 갔다.)
   b. *我去了，他<u>也</u>去了。
   (나도 갔고 그도 갔다.)

(134) a. 这里<u>不但</u>空气新鲜，<u>而且</u>风景优美。
   b. 这里空气新鲜，<u>而且</u>风景优美。
   (여기가 공기가 신선할 뿐만 아니라 풍경도 아름답다.)
   c. *这里空气新鲜，风景优美。
   (여기가 공기도 신선하고 풍경도 아름답다.)

위의 예문 (133)에서 후행절의 관련사 '也'는 나열관계 접속문에서도 사용되기 때문에 후행절에만 관련사를 사용하면 문장이 나열관계 접속문으로 해석될 가능성이 있다. 그래서 점진관계를 표시할 때, 선·후행절에 모두 관련사를 사용해야 된다. 예문 (134)에서 후행절의 관련사 '而且'는 점진관계에만 사용되기 때문에 선행절의 관련사를 생략하고 후행절에만 관련사를 사용해도 된다. 하지만 (134c)와 같이 선·후행절의 관련사를 동시에 생략하면 문장이 나열관계 접속문이 된다.[55]

---

55) 周静(2007)에서 (134c)와 같은 구조를 갖는 무표지적인 접속문도 점진관계 접속문으

점진관계 접속문 선·후행절의 주어가 같은 경우, 선행절에 나타난 관련사 '不但' 등은 반드시 선행절 주어의 뒤에 나타나야 한다. 선·후행절의 주어가 다른 경우, 선행절에 나타난 관련사 '不但' 등은 반드시 선행절 주어의 앞에 나타나야 한다.

> (135) 他(不但)把那位受伤的老人送到了医院, 而且还一直陪着老人看病。
> (그가 다친 노인을 병원에 보냈을 뿐만 아니라, 노인이 진료를 받을 때도 함께 있었다.)

> (136) 不但他喜欢那个女孩, 其他人也喜欢那个女孩。
> (그가 그 여자를 좋아할 뿐만 아니라 다른 사람도 그 여자를 좋아한다.)

위의 예문 (135)의 선·후행절의 주어가 같아서 선행절의 관련사 '不但'은 선행절 주어 '他'의 뒤에 나타난다. (136)의 선·후행절의 주어가 달라서 선행절의 관련사 '不但'은 선행절 주어 '他'의 앞에 나타난다.

(9) 解說관계

중국어의 해설관계 접속문은 선행절에서 총괄하고 후행절에서 보충, 설명하는 경우와 선행절에서 설명하고 후행절에서 총괄하는 두 가지 서

로 해석될 수 있다고 한다. 발화의 문맥이 주어지지 않는 경우에 보통 나열관계로 해석되지만 만약 (134c)와 같은 문장에 앞서, 다른 화자가 "这里的空气真新鲜!(여기 공기가 정말 신선하다!)"와 같이 말하면 (134c)의 선행절을 구정보, 후행절을 신정보로 볼 수가 있어서 이 문장을 점진관계 접속문으로 해석할 수 있다고 한다. 본고에서는 특별한 문맥을 부여하지 않는 일반적인 상황에 이러한 문장을 나열관계 접속문으로 판정하는 관점을 취한다.

술 방식이 있다. 일반적으로 관련사를 사용하지 않는다.

> (137) 读研究生的动机主要有两种：一种是出于对学问的热爱，一种是迫于就
>   业的压力。
>   (대학원을 다니게 된 동기에는 크게 두 가지가 있는데 하나는 학
>   문을 사랑해서이고 다른 하나는 취업이 어려워서이다.)

> (138) 我很了解那个人, 他很正直。
>   (나는 그 사람을 잘 아는데 정직한 사람이야.)

> (139) 运动场上人很多, 都是我们学校的学生。
>   (운동장에 사람이 많은데, 모두 우리 학교 학생이다.)

> (140) 严以律己, 宽以待人, 这是我们应该采取的态度。
>   (엄하게 자신을 다스리고 너그럽게 남을 대하는 것은 우리가 취해
>   야 하는 태도이다.)

위의 예문 (137), (138), (139)는 선행절에서 총괄하고 후행절에서 보충, 설명하는 경우이며 (140)은 선행절에서 설명하고 후행절에서 총괄하는 경우에 해당된다.

2.3.3. 한·중 접속문 분류 대조

2.3.2.에서 중국어 접속문의 하위분류에 대해서 간략히 살펴보았다. 한국어와 중국어 접속문에서 접속 관계의 명칭이 같거나 비슷한 경우가 있지만 그 범위가 다른 경우가 많다는 것을 알 수 있다. 아래 [표 6]은

중국어의 접속 관계와 그에 해당하는 한국어 접속 관계의 대조표이며 [표 7]은 한국어의 접속 관계와 그에 해당하는 중국어 접속 관계의 대조표이다.

[표 6] 중국어의 접속 관계와 그에 해당하는 한국어 접속 관계

중국어의 접속 관계	해당 한국어의 접속 관계
聯合	나열 동시
選擇	대립의 일부분 양보·결과의 일부분 선택 일부분은 한국어 접속문으로 표현 안 됨
轉換	대립의 일부분 상황·보충의 일부분 양보·결과의 일부분
承接	시간계기 상황·발견 전환의 일부분
條件	조건·결과 양보·결과의 일부분 전환의 일부분 선택의 일부분
目的	목적·시행 결과·시행 일부분은 한국어 접속문으로 표현 안 됨
因果	원인·결과 상황·보충의 일부분 조건·결과의 일부분 일부분은 한국어 접속문으로 표현 안 됨
漸進	상황·보충의 일부분 일부분은 한국어 접속문으로 표현 안 됨
解說	상황·보충의 일부분 일부분은 한국어 접속문으로 표현 안 됨

[표 7] 한국어의 접속 관계와 그에 해당하는 중국어 접속 관계

한국어의 접속 관계	해당 중국어의 접속 관계
나열	聯合의 일부분
동시	聯合의 일부분
대립	選擇의 일부분 轉換의 일부분
선택	選擇의 일부분 條件의 일부분
시간계기	承接의 일부분
전환	承接의 일부분 條件의 일부분 일부분은 중국어 접속문으로 표현 안 됨
상황 · 보충	轉換의 일부분 漸進의 일부분 解說의 일부분 因果의 일부분
상황 · 발견	承接의 일부분
조건 · 결과	條件의 일부분 因果의 일부분 일부분은 중국어 접속문으로 표현 안 됨
양보 · 결과	選擇의 일부분 條件의 일부분 轉換의 일부분
원인 · 결과	因果의 일부분
목적 · 시행	目的의 일부분
결과 · 시행	目的의 일부분

위의 [표 6]에서 한국어의 전환관계 접속어미 '–다가'의 용법은 다음
과 같다.

(141) a. 비가 오<u>다가</u> 눈이 온다.

     b. 下了一阵雨, <u>然后</u>又下了雪。

(142) a. 매일 놀기만 하<u>다가</u>는 시험에 떨어지겠다.
     b. 每天光玩<u>的话</u>, 会落榜的。

(143) a. 공을 차<u>다가</u> 다쳤어.
     b. 他踢球的时候受伤了。

(144) a. 교실이 조용하<u>다가</u> 갑자기 시끄러워졌다.
     b. 安静的教室突然乱了起来。

위의 예문 (141a)에 해당하는 중국어 예문 (141b)는 승접관계 접속문이며 (142a)에 해당하는 중국어 예문 (142b)는 조건관계 접속문이다. 하지만 (143a), (144a)는 중국어에서 일반적으로 접속문으로 표현하지 않는다. 즉, 한국어에서 '-다가'에 의해 연결되는 전환관계 접속문 중에 중국어에서 접속문으로 표현할 수 없는 문장이 있다.

위의 [표 6], [표 7]을 통해 알 수 있듯이 여러 가지 중국어 접속문은 한국어에서 접속문으로 표현할 수 있으며 대부분 한국어 접속문도 중국어에서 접속문으로 표현할 수 있다. 하지만 일부 접속문은 상대국 언어에서 접속문으로 표현할 수 없는 경우도 있다.

위의 [표 6], [표 7]에서 관찰된 중국어와 한국어 접속 관계의 명칭, 범위의 차이를 보충하면 아래와 같다.

2.3.3.1. 중국어와 한국어 접속관계의 명칭이 거의 같은 경우

중국어의 선택, 전환, 조건, 목적, 인과관계 접속문의 명칭은 각각 한국어의 선택, 전환, 조건·결과, 목적·결과, 원인·결과 관계 접속문의 명칭과 비슷한데 그 범위가 많이 다르다.

　　첫째, 중국어의 선택관계 접속표현은 두 가지 이상의 사항 중에서 하나를 고를 수 있는 점은 한국어의 선택관계 접속어미인 '-거나', '-든지'와 비슷한 용법을 보이는데 아래 점에서 한국어의 선택관계 접속표현과 다르다.

　　① 중국어에서 선택관계를 나타내는 관련사 '是……还是'는 의문문에서 사용된다. 하지만 이런 문장은 한국어에서 접속어미를 사용해서 하나의 접속문으로 표현할 수 없는 듯하다.

　　(145) 今天的晚餐是在家里做, 还是到饭店去吃?
　　　　　(오늘 저녁은 집에서 만들어서 먹을까? 아니면 식당에 가서 먹을까?)

　　② 중국어 선택관계 접속문의 선행절과 후행절에서 말한 상황이 대립적인 경우, 두 상황을 비교한 다음에 그 중의 하나를 포기하고 나머지 하나를 선택한다. 이런 접속문은 '宁可……也 / 也不', '与其……不如'와 같은 관련사로 연결한다.

　　(146) 他宁可骑自行车去, 也不坐那么挤的公共汽车。
　　　　　(그는 자전거를 타고 가는 한이 있더라도 붐비는 공중버스는 타지
　　　　　않는다.)

　　(147) 与其去食堂吃无味的饭菜, 不如在家煮方便面吃。
　　　　　(식당에서 맛도 없는 밥을 먹는 것보다는 차라리 집에서 라면을
　　　　　끓여먹는 게 더 낫겠다.)

위의 예문을 보면, '宁可……也 / 也不'로 연결되는 예문 (146)은 한국어의 대조관계 접속문에 해당된다. 그러나 '与其……不如'로 연결되는 예문 (147)은 한국어에서 접속문으로 표현할 수 없고 '-기 보다는'으로 연결되어 있다.

③ 후행절의 목적을 달성하기 위해서 선행절의 차선적 선택을 택하게 된다. 이런 접속문은 관련사 '宁可……也'를 사용하며 문장의 사실성 여부에 따라 한국어의 양보·결과 관계 접속문이나 대립관계 접속문에 해당된다. 사실인 경우, 대립관계 접속문으로 볼 수 있고 비사실인 경우, 양보·결과 관계 접속문으로 볼 수 있다.

(148) 妈妈(宁可)自己挨饿, 也要让孩子吃饱。
(엄마는 자기는 굶어도 자식은 배부르게 꼭 먹인다.)

둘째, '-다가' 등으로 연결된 한국어 전환관계 접속문과 달리, 중국어의 전환관계 접속문은 경우에 따라 한국어의 대조, 상황·보충, 혹은 양보·결과 관계 접속문에 해당한다. 선행절에서 어떠한 상황을 말한 다음에, 후행절에서 그 뜻에 상반되는 상황을 말하거나 관련적인 사항을 보충 설명한다. 후행절의 역전적인 의미가 강하며 선행절의 의미와 대조를 이룬 경우, 한국어의 대조나 양보·결과 관계 접속문에 해당하며 후행절의 역전적인 의미가 약한 경우, 한국어의 상황·보충 접속문에 해당한다.

(149) 他很有钱, <u>可是</u>非常吝啬。
     (그는 돈이 많<u>지만</u> 매우 인색하다.)

(150) 外面下大雪了, <u>不过</u>一点儿也不冷。
     (밖에 눈이 많이 내렸<u>는데</u> 하나도 춥지 않아요.)

대부분의 경우, 위의 예문에서의 '-지만'과 '-는데' 등은 서로 바꿀 수도 있다.

양보전환 관계도 전환관계에 귀속시킬 수 있다. 이때의 중국어 문장은 한국어의 양보·결과 관계 접속문에 해당된다.

(151) <u>虽然</u>看到了那个人, <u>也</u>没和他说话。
     (그 사람을 만났<u>어도</u> 이야기를 나누지 않았다.)

(152) <u>即使</u>别人都反对, 他<u>也</u>会坚持自己的意见。
     (다른 사람들이 모두 반대<u>하더라도</u> 그는 자기의 의견을 고집할 것
     이다.)

셋째, 중국어에서 협의적인 조건관계는 가설관계(한국어의 가정조건관계에 해당)를 포함하지 않는데 광의적인 조건관계는 기존의 가설 관계를 포함하고 있어 한국어의 조건관계와 비슷하다. 다만 한국어의 일부분 양보·결과 관계, 전환관계, 대립관계 접속문도 중국어의 조건관계 접속문에 속할 수 있다. 이에 대해서는 다음 장에서 상술할 것이다.

넷째, 중국어의 목적관계 접속문은 한국어의 목적·시행 혹은 결과·시행 관계 접속문에 해당할 때도 있고 서술 순서에 따라 목적·시행, 결

과·시행 관계 접속문과 정반대될 때도 있다. 후자의 경우는 한국어에서 접속문으로 표현할 수 없다.

① 한국어의 목적·시행 혹은 결과·시행 관계 접속문의 서술 순서와 같은 경우

(153) <u>为了</u>看书, 哲洙去了图书馆。
　　　(철수는 책을 읽<u>으려고</u> / <u>으러</u> / <u>고자</u> 도서관에 갔다.)

(154) <u>为了</u>它能独立在野外生存, 饲养员对小老虎进行了捕食能力训练。
　　　(야외에서 혼자 살 수 있<u>도록</u> 사육사가 새끼 호랑이에게 포식 훈련을 시행했다.)

② 서술의 순서가 한국어의 목적·시행, 결과·시행 관계 접속문과 정반대되는 경우

(155) 外出时最好擦防晒霜, <u>以免</u>太阳晒伤皮肤。
　　　(직역 : 외출할 때 선크림을 바르는 게 가장 좋다. 피부가 햇빛에
　　　　　　타는 것을 방지할 수 있다.)
　　　(의역 : 피부가 햇빛에 타지 않<u>도록</u> 외출할 때 선크림을 바르는 게
　　　　　　가장 좋다.)

다섯째, 중국어의 인과관계 접속문은 한국어의 원인·결과 관계 접속문과 일부 상황·보충 관계 접속문에 해당된다. 이에 대해서는 다음 장에서 상술할 것이다.

2.3.3.2. 중국어와 한국어 접속관계의 명칭이 다른 경우

중국어의 연합, 승접, 점진, 해설 관계 접속문의 명칭은 한국어와 다르다.

첫째, 중국어의 연합관계 접속문은 한국어의 나열과 동시 관계 접속문에 해당한다.

둘째, 중국어의 승접관계 접속문은 한국어의 시간계기, 상황·발견이나 전환관계 접속문에 해당될 수 있다.

(156) a. 我吃完早饭, <u>然后</u>去上学。
　　　 b. 나는 아침을 먹<u>고</u> 학교에 간다.

(157) a. 我见了那个人, 感觉他人不错。
　　　 b. 그 사람을 만나 <u>보니까</u> 사람이 참 좋더라.

(158) a. <u>先是</u>下了一阵雨, <u>然后</u>又下了雪。
　　　 b. 비가 내리<u>다가</u> 눈이 내렸다.

위의 예문 (156a), (157a), (158a)에 해당하는 한국어 표현 (156b), (157b), (158b)는 각각 한국어에서 시간계기, 상황·발견, 전환관계 접속문에 속한다.

셋째, 중국어의 점진관계 접속문은 선·후행절에서 서로 관련성이 적은 서술을 하고 후행절의 내용을 더 강조하는 경우, 한국어에서 '-ㄹ 뿐만 아니라'로 선·후행절을 연결해야 하며 이를 적절하게 표현할 수 있는 접속어미가 없다.

> (159) a. 她<u>不仅</u>长得漂亮, <u>而且</u>性格温柔。
>   b. 그녀는 얼굴이 예쁠 <u>뿐만 아니라</u> 성격도 좋다.
>   c. 그녀는 얼굴도 예쁘<u>고</u> 성격까지 좋다.
>   d. *그녀는 얼굴도 예쁘<u>고</u> 성격도 좋다.

위의 예문 (159a)의 경우, 후행절은 선행절보다 의미가 점증되어서 선·후행절은 원칙상 서로 위치를 바꿀 수 없다. 만약 선·후행절의 위치를 맞바꾸면 화자가 강조하고 싶은 내용이 바뀌게 된다. 위의 예문 (159c)도 예문 (159a)에 대한 적절한 한국어 표현이지만 후행절의 강조 의미는 접속어미 '-고'에 의해 나타난 것이 아니라 특수조사 '까지'에 의해 나타난 것이다. '-고'에 의해 연결된 예문 (159d)는 문장의 의미에 영향 없이 선·후행절이 서로 바뀔 수 있어서 (159a)에 대한 적절한 표현이 아니다.

선·후행절에서 같은 일을 서술하며 후행절이 선행절보다 의미가 점증되는 경우, 한국어의 상황·보충 접속문에 해당할 수 있다.

> (160) 下雨了, <u>而且</u>是倾盆大雨。
>   (비가 <u>오는데</u> 너무나 많이 쏟아진다.)

넷째, 중국어의 해설관계 접속문은 선행절에서 총괄하고 후행절에서 보충 설명하는 경우와 선행절에서 설명하고 후행절에서 총괄하는 두 가지 서술 방식이 있다. 일반적으로 관련사를 사용하지 않는다.

① 선행절에서 총괄하고 후행절에서 보충 설명하는 경우는 한국어의 일부 '-ㄴ데'에 의한 상황·보충 관계 접속문에 해당한다.[56]

> (161) 我早上到达了那个山谷, 周围像天堂一样美丽。
> (내가 아침에 그 산골에 도착하였는데 주위가 천국처럼 아름다웠어.)

> (162) 我也见过那个人, 他是从法国来的。
> (나도 그 사람을 만나 보았는데 프랑스에서 온 사람이더군.)

② 선행절에 설명하고 후행절에 총괄하는 경우는 한국어에서 대응하는 접속문이 없다.

> (163) 严以律己, 宽以待人, 这是我们应该采取的态度。
> (자신에게는 엄격하게 대하고 다른 사람에게는 너그럽게 대하는 것이 우리가 취해야 하는 태도이다.)

위의 대조를 통해서 알 수 있는 것은 한국어의 접속관계와 중국어의 접속관계의 범위는 교차적이다. 한국어의 접속관계 중 전환관계와 조건·결과를 나타내는 접속문의 일부는 중국어에서 접속문으로 표현할 수 없다. 반면에 중국어에서의 일부 인과관계 접속문, 선택관계 접속문, 점진관계 접속문, 목적관계 접속문, 해설관계 접속문은 한국어에서 접속어미에 의한 접속문으로 표현되지 못한다. 본장에서는 한국어의 접속관계를 13가지로 분류하였고 이를 9가지로 분류된 중국어 접속관계와 간략히 대조해 보았다. 각 분류에 속한 한국어 접속어미와 중국어 관련사

---

56) 이런 경우에는 후행절의 보충 내용은 선행절의 상황과 역전적인 관계를 형성하면 안 된다. 역전관계를 형성하면 중국어의 '전환관계' 접속문에 속할 가능성이 있다.

의 수량이 많아서 어느 나라의 접속문 체계가 더 과학적이거나 더 발달하다고 말할 수 없다. 다만 위의 대조를 통해 한국어와 중국어 접속문 체계를 더 잘 이해할 수 있고 접속문 체계, 분류의 합리성 등에 대하여 반성할 수 있었다.

제3장

한국어 원인·결과 접속문과 해당 중국어 구문

한국어에서 원인·결과 접속문은 일반적으로 선행절이 원인을 나타내고 후행절이 결과를 나타내는 접속문을 가리킨다. 원인·결과 접속어미는 '-아서', '-니까', '-므로' 등이 있다. 본고에서는 이 중에서 쓰임이 활발한 '-아서'와 '-니까'를 중심으로 고찰한다.

3.1. 한국어 원인·결과 접속문의 특성

3.1.1. '-아서'의 의미와 통사적 특성

3.1.1.1. '-아서'의 의미 용법

접속문에서 '-아서'는 '시간계기', '원인·결과', '지정된 상황이나 전제', '지정된 시간', '상태의 지속', '방법', '목적' 등 의미를 나타낼 수 있다.

    (1) 백화점에 <u>가서</u> 옷을 샀다.

    (2) a. 비가 <u>와서</u> 땅이 질다.
       b. 철수는 비행기가 추락<u>해서</u> 죽었다.

    (3) 그는 전쟁터에서 살<u>아서</u> 돌아왔다.

    (4) a. 해가 저물<u>어서</u> 어머니가 돌아오셨다.
       b. 12시가 다 되<u>어서</u> 그는 집에 돌아온다.

    (5) a. 동생이 누<u>워서</u> 책을 읽는다.
       b. 철수가 의자에 앉<u>아서</u> TV를 본다.

    (6) a. 철수가 뛰<u>어서</u> 집으로 왔다.
       b. 책상은 나무를 깎<u>아서</u> 만들었다.

    (7) 엄마는 가출한 동생을 찾<u>아서</u> 전국을 돌아다녔다.[1]

예문 (1)의 '-아서'는 시간계기를 표시하고 예문 (2)의 '-아서'는 원인·결과를 표시한다. 예문 (3)의 '-아서'는 '지정된 상황이나 전제'의 의미를 지니며 예문 (4)의 '-아서'는 '지정된 시간'의 의미를 지닌다. 예문 (5)의 '-아서'는 상태의 지속을 나타내며 예문 (6)의 '-아서'는 방법을 나타낸다. (7)은 '엄마가 동생을 찾으려고 전국을 돌아다녔다.'의 뜻이며 이 접속문에서 '-아서'는 목적·시행을 나타낸다.

---

1) 예문 (7)은 외국인을 위한 한국어문법(2005) 참조.

'-아서'로 연결된 원인·결과 접속문은 선행절에 원인을 나타내고 후행절에 결과를 나타내기 때문에 대부분은 시간의 선후 순서를 따르고 있다. 따라서 '-아서'로 연결된 접속문은 어떤 때는 원인·결과와 시간계기 두 가지로 해석이 가능하고 어떤 때는 이 중의 어느 하나가 일차적으로 주된 해석이 된다.[2]

다음과 같은 방법은 '-아서'의 의미 기능을 판정하는 데 도움이 된다.[3]

① '-아서' 접속문 중 선·후행절의 주어가 다를 경우, 원인·결과 접속문으로 판정된다.

(8) 엄마가 선물을 <u>사줘서</u> 딸이 기분이 좋다.

서태룡(1979b)에서 '-아서'가 쓰인 시간계기 접속문은 선·후행절의 주어가 동일해야 하는 반면에 원인·결과의 '-아서'는 이런 제약이 없다고 한다. 따라서 선·후행절의 주어가 동일하지 않는 위의 예문 (8)은 원인·결과 접속문이다.

② '-아서' 접속문의 선행절에 부정형이 나타나는 경우, 원인·결과 접속문으로 판정된다.

---

2) 김흥수(1977)는 '-아서'가 연결한 두 행위의 관계는 동작주의 의도상으로는 논리적 순서에 입각해 있으나 언어상으로는 시간적 순서가 부각된다고 한다. 따라서 '-아서' 가 쓰인 원인·결과 접속문도 시간계기의 의미를 포함한다고 한다.

3) 이 밖에 철학 연구인 Hume(1980)에서 인과성과 계기성의 차이는 인과관계 사건이 자주 반복되어 나타나는 관계의 상례화와 계기관계 사건의 우발성이라고 본다.

(9) 밥을 못 먹어서 배가 고파요.

서태룡(1979b)에서 시간계기의 '-아서'는 본행위에 선행하는 예비적 행위를 나타내므로 선행절에 부정형이 올 수 없는 반면에 원인·결과의 '-아서'는 이런 제약이 없다고 한다. 위의 예문 (9)의 선행절에 부정형이 나타났기 때문에 원인·결과 접속문으로 판정된다.

③ '-아서' 접속문의 선·후행절이 자연적인 시간 순서에 어긋난 경우, 원인·결과 접속문으로 판정된다.

(10) 내일이 결혼하는 날이어서 오늘 잠이 안 온다.

(11) 내일 시험이 있어서 오늘 열심히 복습한다.

위의 예문 (10), (11)의 선행절이 원인, 후행절이 결과를 나타낸다. 그런데 선행절의 원인은 이미 발생한 일이 아니라 미래에 발생할 일로서 후행절 사건의 원인이 되는 것이다. 따라서 이런 경우는 원인·결과로 해석이 되지만 시간계기로는 해석될 수 없다.

④ '-아서' 접속문 선행절이나 후행절의 술어가 형용사이면 원인·결과 접속문으로 판정된다.

(12) a. 옷이 예뻐서 두 벌 샀다.
    b. 일이 다 끝나서 기분이 좋다.

시간계기 접속문의 선·후행절에 시간 순서를 따른 두 동작이 나타나야 한다. 위의 예문 (12a)의 선행절과 (12b)의 후행절 술어는 내적인 시제 논리가 없는 형용사이기 때문에 시간적 관계를 나타낼 수 없다. 따라서 예문 (12)는 원인·결과 접속문으로 해석되어야 한다.

3.1.1.2. 원인·결과의 의미로 쓰인 '-아서'의 통사적 특성

① '-아서'로 연결된 원인·결과 접속문의 선·후행절은 동일 주어 제약이 없다.

> (13) a. 영희가 잘못<u>해서</u> 야단을 맞았다.
>   b. 날씨가 추<u>워서</u> 난방을 켰다.

예문 (13a)의 선·후행절의 주어가 동일하며 예문 (13b)의 선·후행절의 주어가 다르다.

② '-아서'로 연결된 원인·결과 접속문은 선·후행절 서술어의 성질에 제약이 없다.

> (14) a. 거짓말을 <u>해서</u> 벌을 받았다.
>   b. 날씨가 좋<u>아서</u> 기분도 좋다.
>   c. 내일은 일요일이<u>어서</u> 아버지도 쉬는 날일 것이다.

위의 예문의 선·후행절의 서술어를 보면 (14a)는 동사, (14b)는 형용사, (14c)는 명사이다. 따라서 '-아서'로 연결된 원인·결과 접속문은 선·후행절 서술어의 성질에 제약이 없음을 알 수 있다.

③ '-아서'는 시상 선어말어미와의 결합에 많은 제약이 있다.

(15) 그것보다 이것이 낫(?겠, *았, *더)<u>어서</u> 이것을 샀다.[4]

예문 (15)에서 보듯이 '-아서'는 추정의 '-겠-'과만 결합할 가능성이 보인다. 그래도 '-겠-'은 주관적인 추측을 나타내기 때문에 객관적인 인과관계를 나타내는 '-아서'와 같이 쓰이는 것은 자연스럽지 않다고 본다.

④ '-아서'는 명령문과 청유문에서 사용할 수 없다.

(16) a. 바람이 불<u>어서</u> 낙엽이 떨어진다.
　　 b. 입맛이 없<u>어서</u> 점심을 안 먹는 거니?
　　 c. *일이 많<u>아서</u> 날 좀 도와줘.
　　 d. *오늘 수업이 없<u>어서</u> 놀러 가자.

예문 (16)에서 보듯이 '-아서'는 명령문과 청유문에서 사용할 수 없다.[5]

---

4) 예문은 이상복(1978) 참조.

5) '-아서'가 원인·결과 접속어미로 쓰인 경우에 명령문과 청유문에서 사용할 수 없다. '-아서'가 '방법'의 의미로 쓰일 때, 예를 들면, '집을 팔<u>아서</u> 빚을 갚아라 / 갚자.' 와 같은 문장에서는 후행절에 명령형이나 청유형이 나올 수 있다. 윤평현(1989)은 '-아서'는 상대방의 허락을 구하는 의문문에서도 사용될 수 없다고 지적한 바가 있다. 예를 들면, '비가 *<u>와서</u> / <u>오니까</u> 우산을 살까요?'와 같은 문장에서 '-니까'만 사용될 수 있다고 한다.

3.1.1.3. '-아서' 및 상관 접속어미

(1) '-고', '-고서'와 '-아서'

대부분의 '-아서'에 의한 원인·결과 접속문에 시간계기의 의미를 포함하고 있는가 하면 '-고', '-고서'에 의한 시간계기 접속문에 원인·결과의 의미를 포함하는 문장도 적지 않다.[6]

(17) 비가 오고 곡식이 잘 자랐다.

(18) 아이가 약을 먹고 병이 나았다.

(19) 철수는 열심히 공부하고서 합격했다.

(20) 그는 퇴근하고 헬스장에 다닌다.

위의 예문 (17), (18), (19)의 선·후행절에 원인·결과의 의미도 포함되어 있다. 예문 (20)의 선·후행절에 원인·결과의 논리 관계가 보이지 않아 단순한 시간계기로 해석해야 한다. '-고', '-고서'로 연결된 접속문 가운데 원인·결과로 해석이 안 되는 경우가 있어, '-고', '-고서'를 시간계기 접속어미로 보고 이를 원인·결과를 나타내는 '-아서'와 구별한다.

---

6) '-고'는 나열 이외에 '-고서'와 같이 시간계기 접속어미로도 쓰인다. 전혜영(1989)에서 '-고서'는 분명한 시간 간격이 있는 경우에 쓰인다고 한다. '-고서'와 '-아서'의 차이는 '-고서'는 결과 강조, '-아서'는 원인 강조라고 한다.

(2) '-아서'와 '-아'

'-아'와 '-아서'는 매우 유사한 용법을 가지고 있다. 최현배(1937), 송석중(1976) 등은 이 둘을 같은 어미의 두 가지 변이형으로 보며 서정목(1984), 남기심(1994) 등은 이 둘이 다르다고 보고 있다.[7] 본고에서는 '-아'와 '-아서'를 서로 다른 어미로 본다. 이는 다음과 같은 이유에서이다.

접속어미 뒤에 뒤따르는 성분이 없는 경우, 즉 선·후행절의 순서가 바뀐 경우나 남의 질문을 대답할 때, 질문 내용과 중복되는 부분이 생략된 경우에는 '-아서'만 쓰이고 '-아'는 쓰일 수 없다.[8]

(21) a. 절로 식욕이 나겠다, 밑반찬이 괜찮<u>아서</u>.
　　 b. *절로 식욕이 나겠다, 밑반찬이 괜찮<u>아</u>.

(22) ['왜 지각했니?'에 대한 대답]
　　 a. 기차를 놓<u>쳐서</u>.
　　 b. *기차를 놓<u>쳐</u>.

위의 예문 (21), (22)에서 보듯이, 문말에는 '-아서'만 쓰이고 '-아'는 쓰이지 않는다. 그 이유는 뒤따르는 성분이 없는 경우에 '-아'는 반말체 종결어미로 오인될 가능성이 있기 때문으로 판단한다.

선행절이 후행절의 배경으로 부각되는 경우에도 '-아서'의 실현이 강

---

7) 최현배(1937)에서는 '-아'를 기본형으로 보고 이에 임의로 '-서'가 덧붙어 '-아서' 형
　　이 된다고 하며 송석중(1976)에서는 '-아서'를 기본형으로 보고 여기서 '-서'가 탈락
　　하여 '-아'로 나타날 수 있다고 한다.
8) 이에 대해서는 남기심(1994) 참조.

하게 요구된다.

(23) a. 저 아이는 어려서 예뻤다.
　　　b. *저 아이는 어려 예뻤다.

(24) a. 영희가 누워서 책을 읽는다.
　　　b. ?영희가 누워 책을 읽는다.

위의 예문 (23a)의 후행절인 '예쁘다'는 속성을 나타내며 (24a)의 후행절인 '책을 읽다'는 동작의 진행을 나타낸다. 선행절이 후행절의 배경이 되는 접속문에서는 일반적으로 후행절에 상태나 동작의 진행이 나타난다. 따라서 선행절이 후행절보다 시간적이거나 공간적인 배경이 더 커야 한다. 형태소 '-서'는 조사나 어미 뒤에 붙어서 이러한 시간적인 배경이나 공간적인 배경을 나타내는 기능이 있다. 이런 경우에 '-아'보다 '-아서'로 선·후행절을 연결하는 것이 더 적절하다.[9]

3.1.2. '-니까'의 의미와 통사적 특성

3.1.2.1. '-니까'의 의미 용법

'-니까'는 상황·발견과 원인·결과를 나타내는 접속어미로 쓰인다.

(25) a. 영희 집에 가보니까 생각보다 넓더라.
　　　b. 내가 도와줄 테니까 걱정하지 마라.

---

9) 형태소 '-서'의 시간이나 공간의 배경으로서의 용법에 대해서는 안명철(1985) 참조. 이 밖에 서정목(1984)에서도 '-아'와 '-아서'를 구분짓는 것은 '-서'가 가지고 있는 '공간 지속'의 의미라고 하고 있다.

위의 예문 (25a)는 상황·발견 접속문이며 (25b)는 원인·결과 접속문이다.

행동·발견 접속문과 원인·결과 접속문의 차이는 다음과 같다.[10]

① '–니까'가 상황·발견 접속어미로 쓰일 때 주어가 일인칭인 경우가 많다.

상황·발견 접속문은 경험주의 발견을 회상하고 진술하는 것이다. 이러한 접속문은 주어제한이 없지만 특히 주어가 일인칭 경험주인 경우가 많다. 원인·결과 접속문은 주어 인칭의 분포가 일정하지 않다.

(26) a. 그의 노래를 들어보니까 참 잘 부르더라. (상황·발견)
　　 b. 그가 바쁘니까 식사도 하지 못했다. (원인·결과)

위의 예문 (26)에서 상황·발견의 의미를 나타내는 (26a)의 주어가 일인칭이며 원인·결과의 의미를 나타내는 (26b)의 주어가 삼인칭이다.

② 상황·발견 접속문은 선행절에서 어떤 행동을 취한 다음에 후행절의 발견을 이루는 것이어서 선행절 술어가 동사이어야 한다. 원인·결과 접속문은 이런 술어 제약이 없다.

(27) a. 발음해 보니까 베트남어가 참 배우기가 어려운 언어이다. (상황·발견)
　　 a'. *착하니까 좋은 이야기를 많이 해주었다. (상황·발견)
　　 b. 아이가 귀여우니까 사랑을 많이 받는다. (원인·결과)

---

10) 안주호(2006) 참조.

위의 예문 (27)에서 보듯이 상황·발견 접속문의 선행절 술어가 동사이어야 하는데 원인·결과 접속문의 선행절 술어가 형용사일 수도 있다.

③ 접속문은 '왜'라는 의문사를 넣은 의문문의 대답으로 할 수 있으면 원인·결과 접속문으로 보고 그렇지 못하면 상황·발견 접속문으로 본다.

(28) [왜 추워졌어?]
    a. 한파가 오니까 (날씨가 많이 추워졌다). (원인·결과)
    b. *창문을 열어보니까 (날씨가 많이 추워졌다). (상황·발견)

위의 예문 (28a)는 '왜 추워졌어?'라는 의문문에 대한 적절한 대답이니 이를 원인·결과 접속문으로 볼 수 있다. (28b)는 '왜 추워졌어?'라는 의문문에 대한 적절한 대답이 아니라서 상황·발견 접속문으로 보아야 한다.

④ '-니까'가 원인·결과 접속어미로 쓰일 때, 접속문의 종결형 제약이 없으나 상황·발견 접속어미로 쓰일 때, 접속문의 종결형에 명령형과 청유형이 올 수 없다.

(29) a. 많이 만들었으니까 실컷 먹어라. (원인·결과)
    b. 내가 가니까 네가 있어라. (원인·결과)
    c. *내가 가니까 네가 있어라. (상황·발견)

위의 예문 (29)에서 보듯이 '-니까'로 연결된 접속문의 종결형이 명령형이면 원인·결과 접속문으로 보아야 한다.

⑤ '-니까'가 원인·결과 접속어미로 쓰일 때, 선행절에 시상 형태소가 나타날 수 있으나 상황·발견 접속어미로 쓰일 때, 선행절에 시상 형태소가 나올 수 없으며 후행절의 시상이 대부분은 현재나 완료상이다.

(30) a. 오늘 술을 많이 마셨으니까 내일 일찍 일어나지 못하겠다. (원인·결과)
     b. 해보니까 재미 있더라. (상황·발견)
     c. *해봤으니까 재미 있더라.

위의 예문 (30)에서 보듯이 '-니까'로 연결된 원인·결과 접속문 (30a)의 선행절에 과거시제 선어말어미 '-었-'이 나타날 수 있으나 상황·발견 접속문 (30b)의 선행절에 과거시제 선어말어미 '-었-'이 나타날 수 없다.

3.1.2.2. 원인·결과의 의미로 쓰인 '-니까'의 통사적 특성

① '-니까'로 연결된 원인·결과 접속문의 선·후행절은 동일 주어 제약이 없다.

(31) a. 이 영화는 봤으니까 다른 영화를 보고 싶어요.
     b. 가을이 되니까 낙엽이 떨어진다.

위의 예문 (31a)의 선·후행절의 주어가 동일하며 예문 (31b)의 선·

후행절의 주어가 다르다.

② '-아서', '-니까'로 연결된 원인·결과 접속문은 선·후행절 서술어의 성질에 제약이 없다.

(32) a. 무서워하는 너를 <u>보니까</u> 아이가 도망가지.
　　 b. 아이가 무사<u>하니까</u> 기분이 좋다.
　　 c. 그 사람의 친구가 다 부자이<u>니까</u> 그 사람도 부자일 것이다.

위의 예문의 선·후행절의 서술어를 보면 (32a)는 동사, (32b)는 형용사, (32c)는 명사이다. 따라서 '-니까'로 연결된 원인·결과 접속문 선·후행절 서술어의 성질에 제약이 없음을 알 수 있다.

③ '-니까'는 시상 선어말어미와의 결합이 비교적 자유롭다.

(33) a. 그가 어제 술을 많이 마셨<u>으니까</u> 넘어진 것이지?
　　 b. 건강에 좋겠<u>으니까</u> 내일부터 운동을 시작하겠다.
　　 c. 날씨가 춥<u>더니</u> / *춥<u>더니까</u> 얼음이 얼었다.

위의 예문 (33)에서 보듯이 '-니까'는 시상 선어말어미와의 결합이 비교적 자유롭지만 '-더'와는 결합하지 못한다.[11]

④ '-니까'는 문장 종결형에 제약 없이 사용될 수 있다.

---

11) '-니'는 '-더-'와 결합할 수 있다. '-니'와 '-니까'에 대해서는 후술.

(34) a. 피곤하니<u>까</u> 하품을 한다.
　　b. 돈이 없<u>으니까</u> 점심을 안 먹는 거니?
　　c. 공부를 잘 하니<u>까</u> 날 좀 가르쳐 줘.
　　d. 오늘 휴강이니<u>까</u> 놀러 가자.

위의 예문 (34)에서 보듯이 '-니까'는 문장 종결 형태에 제약 없이 사용될 수 있다.

3.1.2.3. '-니'와 '-니까'

'-니'와 '-니까'의 관계도 '-아'와 '-아서'의 관계와 유사하다. 선행 연구에서 '-니'와 '-니까'를 같은 어미의 두 가지 변이형으로 보는 관점도 있었지만 이 둘은 엄연히 용법에 차이가 있다. '-니'와 '-니까'의 차이는 다음과 같다.[12]

(1) '-니'와 '-니까'의 통사적 차이

① '-니'와 '-니까'가 평서문에서는 서로 대치되어서 쓰일 수 있지만 수사의문문에서는 '-니'만 쓰이고 '-니까'는 쓰이지 않는다.

(35) a. 케이크 장식이 너무 예쁘<u>니</u> / 예쁘<u>니까</u> 자를 수 없다.
　　b. 케이크 장식이 너무 예쁘<u>니</u> / *예쁘<u>니까</u> 자를 수 있어야지요?

---

12) '-니'와 '-니까'에 대한 선행연구는 통사론적인 면에서 최동진(1996), 의미론적인 면에서 김진수(1983), 강기진(1985), 김승곤(1986), 안주호(2006) 등이 있으며 화용론적인 면에서 서성교(1998) 등이 있다. 남기심(1978), 성낙수(1978)는 두 어미의 차이를 다만 '음운론적인 변화'로 보고 있다.

(36) a. 성적이 그 모양이니 / 모양이니까 전문대학에도 못 들어간다.
　　 b. 성적이 그 모양이니 / *모양이니까 전문대학에나 들어가겠습니까?

위의 예문 (35), (36)에서 보듯이 (35b), (36b)와 같은 수사의문문에서 '-니'는 사용할 수 있지만 '-니까'는 사용할 수 없다.

② 선·후행절의 위치가 바뀌어 '-니까'는 문말에 나타날 수 있는데 '-니'는 문말에 나타날 수 없다.

(37) a. 나뭇잎이 떨어진다, 바람이 부니까.
　　 b. *나뭇잎이 떨어진다, 바람이 부니.

(38) a. 빨리 가자, 시간이 없으니까.
　　 b. [?]빨리 가자, 시간이 없으니.

위의 예문 (37), (38)에서 보듯이 '-니까'는 문장의 종결어미로 쓰일 수 있지만 '-니'는 종결어미로 쓰일 수 없다.

③ 청자가 화자의 질문을 대답할 때, 질문에 포함된 요소가 생략된 경우, 문말에 '-니까'만 나타날 수 있고 '-니'는 나타날 수 없다.

(39) [그가 왜 시험에 떨어졌을까?]
　　 a. 공부를 안 했으니까.
　　 b. *공부를 안 했으니.

위의 예문 (39)에서 보듯이 접속문의 후행절이 생략된 경우, 문말에

'-니까'만 사용할 수 있다.

④ 선어말어미와의 결합에서 서법 '-더-', 복합형태 '-았더-', '-겠더-'는 '-니' 앞에 나타날 수 있는데 '-니까' 앞에 나타날 수 없다.[13]

    (40) a. 차가 한참 가더니 계곡에 도착했다.
         b. *차가 한참 가더<u>니까</u> 계곡에 도착했다.

위의 예문 (40)에서 보듯이 '-더-'는 '-니'와 결합할 수 있지만 '-니까'와 결합할 수 없다. 이 밖에 문어체나 고어투의 문장에서 쓰이는 '-리-', '-사오-' 등도 '-니'와만 결합할 수 있다.

(2) '-니'와 '-니까'의 의미론적 차이

'-니'는 직접성, 실증성, 필연성의 의미가 있으며 '-니까'는 간접성, 심리성, 개연성의 의미가 있다. '-니까'는 '-니'보다 결과에 치중하고 인과관계를 더 강조한다.[14]

(3) '-니'와 '-니까'의 화용론적 차이

구어체에서 '-니까'가 '-니'보다 더 많이 쓰인다. 접속문 선행절의 내용을 전경화하거나 선행절의 내용을 후행절에서 다시 부연 설명할 경우,

---

13) 최동진(1996)에서는 '-까'에 서법적 의미(특히 화자의 판단을 나타내는 법)가 포함되어 있기 때문인 것으로 보고 있다.
14) 김진수(1983), 강기진(1985), 김승곤(1986) 참조

'-니'만 사용되고 '-니까'를 사용할 수 없다. '-까'가 나타나면 정보의 초점이 후행절에 있기 때문이다.[15]

> (41) a. 키 큰 사나이가 왔<u>으니</u>, 그 이름은 철수이었다.
>   b. *키 큰 사나이가 왔<u>으니까</u>, 그 이름은 철수이었다.

위의 예문 (41a)는 접속어미 '-니'로 연결된다. 이때 후행절은 선행절에 대한 부연 설명이 되며 선·후행절이 원인·결과 관계를 이루지 않는다.

3.1.3. '-아서'와 '-니까'의 용법 비교

앞에서 살펴본 '-아서'와 '-니까'의 특성은 다음과 같다. '-아서'는 시상 선어말어미와의 결합에 많은 제약이 있는데 '-니까'는 시상 선어말어미와의 결합이 비교적 자유롭다. 그리고 '-아서'는 명령문과 청유문에서 사용할 수 없는데 '-니까'는 문장 종결형에 제약 없이 사용될 수 있다.[16]

이 밖에 원인·결과를 나타내는 '-아서'와 '-니까'의 여러 가지 의미적인 차이와 화용적인 차이는 모두 '-아서'는 실제 세계 논리를 나타내며 '-니까'는 화자 의식 논리를 나타내는 데에 기인한 것으로 볼 수 있다.

---

15) 전혜영(1989), 서성교(1998), 안주호(2006) 참조.
16) 서태룡(1979b)은 명령문이나 청유문에 '-아서'가 쓰일 수 없는 것은 '-아서'로 연결
  된 접속문의 주절에 분명히 화자의 확정된 욕망이나 결정의 의미를 포함하고 있는
  반면에 '-니'로 연결된 접속문은 화자의 간청이나 청자의 동의를 요구하는 의미를
  가지고 있기 때문이라고 한다.

    (42) a. 손님이 <u>와서</u> 식사를 준비한다.

         b. 손님이 <u>오니까</u> 식사를 준비한다.

윤평현(1989)에서는 위의 예문 (42a)는 손님이 이미 집에 도착한 상태에서 발화한 것이고 (42b)는 손님이 아직 도착하지 않은 상태에서 발화한 것이라고 한다. '-아서'는 원인이 되는 선행절 사건이 완료되었거나 현재 진행되고 있는 확실한 사실일 때 쓰인다고 하고 있다. 즉 '-아서'는 사건이 실재성을 갖는데 '-니까'는 사건의 실재성에 대하여 비관여적이라고 한다. 이 논문에서 이른바 "'-니까'는 실재성에 대하여 비관여적이다"라는 것은 필자의 '-니까'는 화자 의식 논리 표현이라는 입장과 일치한다. '-니까'는 화자 의식 논리를 반영하기 때문에 아직 발생하지 않은 비사실 사건에 쓰일 수 있다. 따라서 실제 세계 논리를 나타내는 '-아서'에 비해 '-니까'는 비사실성이 강하며 미래 사건에 대한 추측에 많이 쓰인다. '-아서'는 사실성이 강하며 과거 사건에 대한 서술에 많이 쓰인다.[17)]

물론 '-아서'는 미래의 예정 사실에 쓰일 수도 있고 '-니까'는 과거

---

17) 이광호(1980)와 전혜영(1989)에서도 유사한 관점이 보인다.

    이광호(1980)는 '-아서'는 하나의 사건이 끝날 버린 듯한 인상을 주는 대신에 '-니까'는 그 사건이나 현상이 아직 확실히 끝나지 않고 지속되고 있는 듯한 느낌을 준다고 하고 있다.

    a. 종이 <u>울려서</u> 교회에 간다.

    b. 종이 <u>울리니까</u> 교회에 간다.

    이광호(1980)는 위의 예문 (a)에서의 종은 발화시 이전에 울렸고 (b)에서의 종은 지금 혹은 방금 울린 느낌을 준다고 설명한다.

    전혜영(1989)에서 '-아서'는 시간적으로 완료된 것, '-니까'는 현재 진행중이거나 미래와 관련된 것이라고 하고 있다.

기발생 사건에 대한 주관적인 태도를 밝히는 데에도 사용할 수 있다.

> (43) a. 내일 중요한 행사가 있<u>어서</u> 준비할 것이 많다.
> b. 나쁜 짓을 많이 했<u>으니까</u> 사람들이 그를 미워하는 것이다.

위의 예문 (43a)의 선행절은 아직 발생하지 않은 일인데 발생할 예정의 일이기 때문에 이를 사실로 삼아서 (43a)와 같이 말할 수 있다. (43b)의 선행절은 과거의 일이지만 화자의 추정이기 때문에 '-니까'를 사용하였다.

> (44) a. 비가 <u>와서</u> 땅이 질다.
> b. 비가 <u>오니까</u> 기분이 좋다.

위의 예문 (44a)는 '비가 오면 땅이 질다'라는 상식을 전제로 하여 하는 말이다. 예문 (44b)는 비를 좋아하는 사람만 할 수 있는 말이니 일반적인 상식을 진술의 배경으로 하는 것이 아니라, 개인적인 사리판단을 배경으로 하는 것이다. 이는 또한 '-아서'는 실제 세계 논리, '-니까'는 화자 의식 논리를 나타내는 것과 일치한다. 따라서 '-아서'는 대부분 사람들이 그렇다고 인정하는 보편적이고 객관적인 원인을 나타내며 '-니까'는 개인이 추리해 낸 주관적인 이유, 변명이나 핑계 등과 같은 의미를 나타낸다.[18]

---

18) 표준국어대사전에 따르면 '원인'은 '어떤 결과를 규정하면서 시간적으로 그것에 앞서는 상태'이고, '이유'는 '추리상 결론 또는 귀결의 전제가 되는 것'이라고 한다. 원인은 결과에 맞서고 이유는 귀결에 맞서는 개념으로 볼 수 있다.

> (45) [너 왜 학교에 안 가지?]
>> a. 배가 <u>아파서</u>요.
>> b. 배가 아프<u>니까</u>요.

위의 예문 (45a)는 정말로 배가 아파서 학교에 갈 수 없다는 인상을 주는 반면, 예문 (45b)는 학교에 가기 싫으니까 둘러대는 핑계 같다는 인상을 준다.[19)]

'-니까'는 단순히 정보를 제공하는 역할을 하는 '-아서'에 비해 화자의 주관적인 태도가 들어있기 때문에 청자에게 어떤 사실을 확신시키고 주장하는 기능이 있다. 이는 청자에게 부담감을 줄 수 있다. 이에 비해 '-아서'는 청자에게 부담감을 주지 않으므로 공손하고 사교적인 느낌을 준다.

> (46) [웬일로 영이가 책을 읽고 있니?]
>> a. 엄마가 읽으라고 하<u>셔서</u> 읽는 거예요.
>> b. 엄마가 읽으라고 하시<u>니까</u> 읽는 거예요.

남기심·루코프(1983)에서 위의 예문 (46b)는 화자의 불만을 나타낸다고 한다.

한국어의 일상적인 인사말 등에서도 '-아서'의 공손성을 확인할 수 있다.

> (47) a. 초대해 주<u>셔서</u> 감사합니다.
>> b. *초대해 주<u>니까</u> 감사합니다.

---

19) 이광호(1980), 김진수(1983)에서도 '-아서'는 원인, '-니까'는 이유의 의미기능을 갖는다고 한다.

(48) a. <u>늦어서</u> 죄송합니다.
　　 b. *<u>늦으니까</u> 죄송합니다.

위의 예문을 보면, 한국어에서 '-아서'를 사용하여 감사, 사과 등을 표현할 수 있다. 이런 경우 '-니까'는 사용할 수 없다.

이상에서 나타난 '-아서'와 '-니까'의 통사적, 의미적, 화용적인 차이점을 도표로 나타내면 다음과 같다.

[표 8] 원인·결과 접속어미 '-아서'와 '-니까'의 차이점 대조표

		-아서	-니까
통사적	결합이 가능한 선어말어미	?-겠-	-겠-, -았-
	사용이 가능한 종결형	평서문, 의문문	모든 종결형
의미적		원인	이유 / 핑계 / 따짐
		객관적 사실 / 상식	주관적 추론
		사실성	비사실성
		과거, 현재	현재, 미래
화용적		공손	비공손
논리관계		실제 세계 논리	화자 의식 논리

3.1.4. 기타 원인·결과 접속문

'-아서', '-니까' 이외에 원인·결과를 나타낼 수 있는 접속어미로는 '-므로', '-기에', 의사 접속어미로는 '-기 때문에', '-는 이유로', '-는 바람에', '-는 까닭에' 등이 있다.[20]

---

20) 의사 접속어미로 연결된 문장의 용법은 일반 접속문과 거의 같아서 본고에서는 의

3.1.4.1. '-므로'

'-므로'는 주로 문어에서 쓰이는 접속어미이다. 선어말어미 '-았-', '-겠-' 뒤에 사용할 수 있으며 술어 제약이 없다. '-므로'는 명령문이나 청유문에 별로 사용하지 않는다.

(49) a. 비행기가 고장났으므로 우리가 더 기다릴 수밖에 없었다.
  b. 그가 일을 잘 했으므로 이사장님한테서 칭찬을 받았다.
  c. 제시간에 도착하기 힘들겠으므로 저는 불참할게요.

위의 예문 (49a), (49b)는 '-므로'가 과거시제 선어말어미 '-았-' 뒤에 쓰인 예문이며 (49c)는 '-므로'가 추측을 나타내는 '-겠-' 뒤에 쓰인 예문이다.

(50) a. *길이 막히므로 지하철을 탑시다.
  b. *영화가 재미없으므로 보지 마세요.

위의 예문 (50)에서 보듯이 '-므로'는 명령문이나 청유문에 사용하지 않는다.[21]

(51) a. 열심히 노력하므로 곧 성공할 것이라고 생각한다.
  b. 날씨가 더우므로 기운이 빠졌다.
  c. 그는 부산 출신이므로 경남 사투리를 쓴다.

사 접속어미로 연결된 문장을 의사 접속문으로 부르기로 한다.
21) 다만 '물가가 비싸므로 너무 허비하지 마라.'와 같은 예문(강기진 : 1993)에서는 '-므로'는 명령문에 사용되고 있다.

위의 예문 (51)에서 보듯이 '-므로'는 동사 어간, 형용사 어간, '이다' 뒤에 모두 사용할 수 있다.[22]

이러한 '-므로'에 대해 김승곤(1978b), 강기진(1993)에서는 논리적으로 이유나 원인을 차곡차곡 따져서 말하는 접속어미라고 한다.

3.1.4.2. '-기에'

'-기에'는 주로 문어에 쓰이며 명령문이나 청유문에 잘 쓰이지 않는다. 그리고 '-기에'로 연결된 접속문의 후행절 주어는 일인칭 주어여야 한다.

> (52) a. *날씨가 덥<u>기에</u> 문을 열어 놓아라.
>   b. *약속 시간에 늦겠<u>기에</u> 택시를 탑시다.

> (53) a. 꽃이 예쁘<u>기에</u> (제가) 한 송이 샀어요.
>   b. *꽃이 예쁘<u>기에</u> 친구가 한 송이 샀어요.

위의 예문 (52)에서 보듯이 '-기에'는 명령문이나 청유문에 잘 쓰이지 않는다. 예문 (53)에서 보듯이 '-기에'는 어떤 행위나 상태가 원인이 되어 화자가 어떤 행위를 했음을 나타내기 때문에 '-기에'로 연결된 접속문의 후행절 주어는 일인칭이어야 한다.[23]

---

22) 김승곤(1978b)에서 언급한 것처럼 '-므로'가 형용사 술어와 언제나 같이 쓰일 수 없는 것은 아니다.
23) 예문은 외국인을 위한 한국어문법(2005) 참조.

3.1.4.3. 의사 접속어미

의사 접속어미 '-기 때문에'는 원인·결과를 나타낼 수 있다. '-기 때문에'는 명령문이나 청유문에 사용할 수 없다.

> (54) a. 강이 너무 깊기 때문에 물고기가 안 산다.
> b. *물가가 비싸기 때문에 허비하지 마라.
> c. *배가 고프기 때문에 빨리 식당에 갑시다.

위의 예문 (54)에서 보듯이 '-기 때문에'는 명령문과 청유문에 잘 안 쓰인다. 강기진(1993)에서 '-기 때문에'는 인접적인 이유가 아닌, 선행절이 후행절에 영향을 얼마간 미치는 이유로 적용하고 있다고 한다. 진정란(2002)에서 '-기 때문에'는 청자에게 이유를 논리적이고 객관적으로 강조하여 설명하는 기능이 있다고 한다.

이 밖에 '-는 바람에', '-는 까닭에', '-는 이유로', '-는 덕분에' 등도 근거나 원인을 나타낼 수 있는 의사 접속어미이다.

> (55) a. 시간이 어긋나는 바람에 그와 만나지 못했다.
> b. 사랑하는 까닭에 곁에 남았다.
> c. 귀찮다는 이유로 규칙을 저버리지 말자.
> d. 기차를 놓친 덕분에 그 사고를 피할 수가 있었다.

이 중에서 '-는 바람에'의 선·후행절의 서술어는 동사만 가능하며 후행절에 명령형과 청유형이 나타날 수 없다. '-는 바람에'는 일반적으로 선행절의 상황이 후행절의 행동에 부정적인 영향을 미칠 때나 말하는 사람의 의도와는 다른 결과를 가져올 때에 쓰인다. 이에 반하여 '-는 덕분에'는 선행절의 상황이 후행절의 행동에 긍정적인 영향을 미칠 때 사용한다.

3.2. 중국어의 원인·결과 접속문

중국어에서 원인·결과를 나타내는 접속문은 因果관계 접속문이라고 한다. 앞의 2.3.2.에서 중국어의 인과관계 접속문을 간략히 소개하고 한국어의 원인·결과 접속문과 대조한 바와 같이 한국어의 원인·결과 접속문에 해당되는 중국어 구문은 중국어 인과관계 접속문의 한 유형으로 볼 수 있다. 중국어의 인과관계 접속문의 일부분은 한국어의 원인·결과, 일부분은 조건·결과, 일부분은 상황·보충 접속문에 해당되며 또한 일부분은 한국어의 접속문으로 표현할 수 없다.

3.2.1. 원인·결과 순의 인과관계 표현

중국어의 인과관계 접속문은 일반적으로 선행절에서 원인을 설명하고, 후행절에서 결과를 나타내며 자주 사용하는 관련사는 '因为……所以', '由于……所以', '由于……因而', '由于', '因此', '以至', '以致', '既然…… 就' 등이 있다.

   (56) (<u>因为</u>)今天是爸爸的生日，(<u>所以</u>)妈妈做了很多好吃的。
       (오늘은 아빠의 생신이어서 엄마가 맛있는 요리를 많이 했어요.)

(57) (由于)访问网页的影迷太多, (所以)金喜善关闭了自己的个人网页。
(사이트를 방문한 팬들이 너무 많<u>아서</u> 김희선이 자기의 미니홈피
를 닫았다.)

(58) (由于)任务繁重, (因而)公司决定招聘实习员工。
(일이 많<u>기 때문에</u> 회사에서 인턴 사원을 모집하기로 했다.)

(59) 他专心地写论文, (以至)有人进来都没发觉。
(그가 논문에 몰두<u>해서</u> 사람이 들어오는 것도 알아채지 못했다.)

(60) 今天很多地方有大雾, (以致)多起交通事故发生。
(오늘 많은 지역에 안개가 <u>낀 관계로</u> 교통 사고가 빈발했다.)

‘因为……所以’는 좁은 의미에서 ‘원인’을 나타내고 ‘由于……所以’, ‘由于……因而’는 좁은 의미에서 ‘이유’를 나타낸다. 중국어에서는 대부분의 경우, 이들을 엄격하게 구분하지 않고 서로 바꿔서 사용되는 경우가 많다.[24] ‘以至’와 ‘以致’는 모두 인과관계 관련사로 볼 수 있는데 ‘以致’는 후행절에 예상하지 못한 안 좋은 결과가 나올 때 사용하며 ‘以至’는 후행절에 나타나는 결과에 대한 제한이 없다. ‘以致’는 ‘由于’와 같이 사용할 수도 있으나 단독적으로 쓰이는 경우가 더 보편적이다.

위의 예문에서의 관련사는 모두 수의적으로 나타나며 생략도 가능하다. 하지만 인과관계 접속문에서 관련사가 항상 수의적으로 생략이 되는 것이 아니다. 위의 예문에서 관련사가 생략 가능한 것은 이 예문들이 일

---

24) ‘因为’와 ‘由于’가 모두 원인을 나타내는데 ‘因为’가 더 널리 쓰인다. ‘因为’가 주로 ‘所以’와 같이 쓰이는데 ‘由于’는 ‘所以’와 같이 쓰일 뿐만 아니라 ‘因此’, ‘因而’와도 같이 쓰일 수 있다.

반적인 원인·결과를 나타내는 것과 관련이 있다. '원인부터 결과까지, 기본적인 내용부터 추가하는 내용까지'의 순서로 사건을 서술하는 사람들의 논리인식이 존재하기 때문이다. 특별히 인과관계를 강조하지 않는 경우에 관련사를 사용하지 않아도 접속문의 선·후행절이 원인·결과의 논리관계가 보이면 인과관계 접속문으로 인식된다.

이 밖에 접속문에서 나타난 시상표지를 통해 접속문의 인과관계를 판정할 수 있을 때, 관련사를 사용하지 않아도 된다.25)

(61) 他和他的爱人性格不和, 离婚了。
(그와 아내가 성격이 안 맞아서 이혼을 했다.)

(62) 我最近学习很忙, 没有时间给你写信。
(나는 요즘 공부하느라 바빠서 너한테 편지를 쓸 시간이 없다.)

위의 예문 (61)에서 문말의 '了'가 과거완료를 나타내며 (62)에서의 '最近'가 과거 시제를 나타낸다. 특별히 인과관계를 강조하지 않는 경우, 이런 문장에서 관련사를 사용하지 않는다.

(63) a. 电影票不够, 我就不去了。
b. (要是)电影票不够, (那)我就不去了。
(영화티켓이 모자라면 나는 가지 않을 것이다.)

---

25) 連淑能(1993)에서는 중국어의 꽤 많은 원인·결과 구문은 꼭 필요할 때를 제외하면 관련사를 사용하지 않는다고 한다. 선행절에는 원인, 후행절에는 결과를 나타내는 접속문은 거의 접속표현을 쓰지 않는데 이런 무표적인 형태를 '常態'라고 하며 선행절에는 결과, 후행절에는 원인을 나타내는 접속문은 대부분은 원인을 나타내는 접속 표지 '因为' 등을 사용하는데 이런 유표적인 형태를 '變態'라고 한다.

c. (<u>因为</u>)电影票不够, (<u>所以</u>)我就不去了。
    (영화티켓이 모자라서 내가 가지 않을 것이다.)

위의 예문 (63a)는 (63b)와 같은 가정조건관계 접속문과 (63c)와 같은 일반적인 인과관계 접속문 등 두 가지 의미로 해석할 수 있다. 하지만 구어에서 (63a)처럼 관련사 없이 쓰인 경우가 많다. 접속 표지가 나타나지 않는 문장이 가정조건과 인과관계 두 가지로 해석이 가능할 때, 우선적으로 인과관계로 해석한다. (63b)는 선행절이 아직 실현되지 않은 가정조건을 나타내는 용법 이외에, 선행절이 이미 사실이 된 경우에도 쓰일 수 있다. 기성사실이 가정표현으로 나타날 경우, 말투가 더 부드러운 느낌을 준다.

'因为……所以'로 연결된 접속문은 일반적으로 이미 발생한 사건에 대한 인과관계를 표현한다. 이 밖에 선행절의 원인이나 이유가 이미 실현되었지만 후행절의 결과가 아직 실현되지 않은 경우, 선행절의 원인이나 이유가 아직 실현되지 않았지만 후행절의 결과가 이미 실현된 경우, 선·후행절이 모두 실현되지 않은 경우에도 쓰일 수 있다.

(64) <u>因为</u>下周有期末考试, 学生们都在熬夜学习。
    (다음 주에 기말고사가 있<u>어서</u> 학생들이 다들 밤 새 공부하고 있다.)

위의 예문에서 선행절은 아직 발생하지 않은 일이지만 발생할 예정의 일이기 때문에 후행절의 행동을 취하게 된다.

'既然……就'는 추론적인 인과관계를 나타낸다. 이런 접속문의 선행절에서는 추론의 근거를 나타내며 후행절에서는 선행절의 상황에 의한 추론이나 판단, 혹은 새로운 행동에 대한 결정, 즉 명령이나 청유 등을 나타낸다.

(65) a. (既然)没收到回信，一定是那个公司没有彔取你。
　　　b. 답장을 못 받은 것을 보면, 그 회사는 너를 채용하지 않을 것이다.

(66) a. (既然)其他人都去，我们也去吧。
　　　b. 다들 가는데 우리도 가자.

(67) a. (既然)奶奶同意了，爸爸也就没有说什么。
　　　b. 할머니께서 동의하셨으니 아버지도 별 말씀을 안 하셨다.

　위의 예문 (65a)의 선행절에서 추론의 근거를 제시하고 후행절에서 추론을 한다. (66a)의 선행절에서 새로 알게 된 사실인 '다른 사람이 다 감'을 근거로 삼고 후행절에서 '우리도 가자'라는 청유를 한다. (67a)의 선행절은 후행절의 원인이나 근거가 된다. 중국어에서 이 문장들이 모두 인과관계 접속문인데 해당하는 한국어 표현 (65b), (66b), (67b)는 각각 조건·결과, 상황·보충, 원인·결과 관계 접속문에 속한다. 추론적인 인과관계를 나타내는 '既然……就'로 연결된 접속문에서 관련사 '既然'이 수의적으로 생략될 수 있다.

　앞에서 제시된 '因为……所以'와 '既然……就／那么'는 모두 인과관계 관련사인데 이들의 의미 차이는 다음 예문에서 확인할 수 있다.

(68) [왕 군을 만나러 왕 군의 집에 찾아온 친구와 왕 군 어머니의 대화]
　　　왕 군의 엄마 : 왕 군이 집에 없으니까 내일 다시 오너라.
　　　　　　　(因为小王不在家，所以你们明天再来吧。)

왕 군의 친구 : 왕 군이 집에 없<u>으면</u> 내일 다시 오겠습니다.

(<u>既然</u>小王不在家, <u>那么</u>我们明天再来吧。)

(69) a. 얼음의 밀도가 물보다 작<u>아서</u> 물 위에 뜰 수 있다.

　　 b. <u>因为</u>冰的密度小于水, <u>所以</u>冰会浮在水面上。

　　 c. *<u>既然</u>冰的密度小于水, <u>那么</u>冰会浮在水面上。

위의 예문 (68)은 왕 군의 집에 찾아간 친구가 왕 군 어머니와 대화하는 내용이다. 어머니는 왕 군이 집에 없다는 것을 처음부터 알고 있어서 왕 군의 친구에게 말할 때 일반적인 인과관계 관련사 '因为……所以'를 사용하지만 왕 군의 친구는 왕 군 어머니와 만난 다음에야 왕 군이 집에 없다는 사실을 알게 되어서 추론적인 인과관계 관련사 '既然……那么'를 사용하여 이를 표현한 것이다. 예문 (69)는 과학적인 사실에 대한 서술이므로 추론할 필요가 없다. 그래서 일반적으로 (69b)와 같이 표현한다. (69c)는 특별한 경우, 예를 들면, 화자가 얼음의 밀도가 물보다 작다는 사실을 새로 알게 된 중학생이면, 이와 같이 말할 가능성이 있다.

(70) a. 우리는 뜻이 같<u>으니까</u> / 같<u>으므로</u> 같이 일하자.

　　 b. <u>因为</u>我们志同道合, <u>所以</u>我们一起工作吧。

　　 c. <u>既然</u>我们志同道合, 我们<u>就</u>一起工作吧。

위의 예문 (70)에서 일반적인 인과관계를 나타내려면, (70a)를 (70b)와 같이 번역하면 되고 새로 발견한 사실인 '우리는 뜻이 같다'라는 것을 근거로 삼아 '같이 일하자'라는 식의 추론을 하려면 추론적인 인과관계를 나타내는 (70c)로 표현해야 한다. 하지만 '既然……就'만 추론적인 인과관계를 나타낼 수 있는 것이 아니라 '因为……所以'도 추측의 의미를 나타낼 수 있다.

> (71) [누군가 자살했다는 소식을 듣고]
>> a. 살기 싫<u>으니까</u> 죽은 거지.
>> b. (肯定)<u>因为</u>不想活了, <u>才</u>死的。
>> c. *<u>既然</u>不想活了, <u>才</u>死的。

위의 예문 (71a)는 화자가 누군가 자살했다는 소식을 듣고 자신의 추측을 말한 것이다. 이에 해당하는 중국어 표현은 (71b)이다. '因为……所以'로 연결된 접속문은 추측적인 발화에도 사용될 수 있다. 이런 경우에 (71c)와 같이 표현할 수 없다. 왜냐하면 '既然……就'를 사용하는 접속문의 후행절에 화자의 추론을 나타내야 되는데 (71a)의 후행절은 추론이 아닌 기성사실이기 때문이다.

3.2.2. 결과·원인 순의 인과관계 표현

앞서 언급한 바와 같이 중국어의 인과관계 접속문에서는 선행절에 결과가, 후행절에 원인이 나타나는 경우도 있다. 이런 접속문은 관련사 '……因为'나 '之所以……是因为'로 연결된다.

> (72) a. 教练非常满意, <u>因为</u>有三名运动员得了金牌。
>> b. 코치는 아주 흡족했다. 운동선수 3명이 금메달을 땄<u>기 때문이다.</u>

> (73) a. 她昨天(<u>之所以</u>)没来参加聚会, <u>是因为</u>她的孩子生病了。
>> b. 그녀가 어제 파티에 참석하지 못한 이유는 그녀의 아이가 아팠<u>기 때문이다.</u>

위의 예문 (72a)와 같이 '……因为'로 연결된 접속문의 선행절에서 사실을 강조하고 후행절에서 원인이나 이유를 보충 설명한다. 이 문장은 '因为……所以'를 사용한 접속문의 선·후행절 위치를 맞바꾼 문장으로 볼 수 있다. 한국어에서 이를 하나의 접속문으로 표현할 수 없으며 (72b)와 같이 두 개의 단문으로 표현해야 한다. (73a)와 같이 '之所以……是因为'로 연결된 접속문은 후행절의 원인을 강조하는 의미가 있어서 단순히 '因为……所以'를 사용한 접속문의 선·후행절 위치를 맞바꾼 문장으로 보기가 힘들다. 이런 문장은 한국어에서 접속문으로 표현할 수 없기 때문에 '…는 것은 …이다'와 같은 분열문의 형식으로 표현해야 한다.

(74) a. 哭了, <u>因为</u>幸福。

     b. 울었다. 행복<u>해서</u>.

     c. *哭了, 幸福。

     d. *울었다. 행복하다.

(75) a. <u>他(之所以)</u>不高兴, <u>是因为</u>输了钱。

     b. 그가 기분이 안 좋은 이유는 돈을 잃어버렸<u>기 때문이다</u>.

     c. *他不高兴, 输了钱。

     d. 그는 기분이 안 좋<u>아서</u> 돈을 잃어버렸다.

     e. 그는 기분이 안 좋을 <u>뿐만 아니라</u> 돈도 잃어버렸다.

위의 예문 (74)에서 보듯이 '……因为'로 연결된 접속문 (74a)의 관련사가 생략되면 문장의 의미가 명확하지 않아 접속문의 관련사가 생략될 수 없다. (75a)에서 보듯이 '之所以……是因为'로 연결된 접속문은 선행절의 관련사가 생략될 수 있지만 후행절의 관련사는 생략되지 않는다. 그 원인은 (75a)에서 관련사가 생략된 (75c)의 경우, 선·후행절의 의미

관계가 분명하지 않아서 (75b) 이외에 (75d), (75e)로 해석될 가능성이
있기 때문이다.

3.2.3. 인과관계 접속문에서 관련사의 위치

중국어 접속문에서 관련사의 위치는 경우에 따라서 다르게 나타난다.
인과관계 접속문에서 관련사의 위치는 접속문에서 사용하는 관련사 및
선·후행절의 주어가 동일 주어 여부와 관계가 있다.

(76) a. 因为他喝酒了, 所以我替他开车。
　　　(그가 술을 마셨으니까 내가 그 대신 운전했다.)
　　b. *他因为喝酒了, 所以我替他开车。

(77) a. 他因为生病了, 所以没去上班。
　　b. 因为他生病了, 所以没去上班。
　　c. 因为生病了, 所以他没去上班。
　　　(그가 아파서 출근하지 않았다.)

(78) a. 既然事情已经发生了, 那么我们就顺其自然吧。
　　b. 事情既然已经发生了, 那么我们就顺其自然吧。
　　　(일이 벌써 발생했으니 우리가 되어가는 대로 내버려두자.)

(79) a. 既然你来了, 就说说你的想法吧。
　　b. 你既然来了, 就说说你的想法吧。
　　　(네가 왔으니 네 생각을 말해봐.)

위의 예문 (76)에서 보듯이 '因为……所以'로 연결된 접속문은 선·후

행절의 주어가 다른 경우, 선행절에 사용된 관련사 '因为'가 선행절 주어 앞에 나타나야 하며 후행절에 사용된 관련사 '所以'가 후행절 주어 앞에 나타나야 한다. (77)에서 보듯이 '因为……所以'로 연결된 접속문의 선·후행절 주어가 동일한 경우, 보통 선행절이나 후행절 중 한쪽에만 주어가 나타난다. 이런 경우에 관련사는 주어 앞에 나타날 수도 있고 주어 뒤에 나타날 수도 있다. (78), (79)에서 보듯이 '既然……那么 / 就'로 연결된 접속문에서 선행절 관련사 '既然'의 위치는 선·후행절의 주어가 동일주어 여부와 관계없이 선행절 주어 앞에 나타날 수도 있고 뒤에 나타날 수도 있다. 후행절의 관련사 '那么'는 일반적으로 후행절 주어 앞에, '就'는 후행절 주어 뒤에 나타난다. 이런 경우에 선행절 관련사의 위치가 달라져도 문장의 의미가 애매해지지 않는다.

(80) a. 人类之所以感觉痛苦, 是因为人类永远满足不了内心的欲望。

    b. 之所以人类感觉痛苦, 是因为人类永远满足不了内心的欲望。
      (인류가 고통스러운 이유는 욕심을 영원히 채울 수 없기 때문이다.)

(81) a. 我之所以喜欢这个学生, 是因为他学习很努力。

    b. 之所以我喜欢这个学生, 是因为他学习很努力。
      (내가 이 학생을 좋아하는 이유는 그가 열심히 공부하기 때문이다.)

위의 예문 (80), (81)에서 보듯이 선·후행절의 주어는 동일 주어 여부와 상관없이 '之所以……是因为'로 연결된 접속문에서 '之所以'는 선행절 주어의 앞에나 뒤에 모두 사용할 수 있으며 '是因为'는 후행절 주어 앞에 나타나야 한다.

3.3. 한·중 원인·결과 접속문 대조[26]

(82) 날씨가 추워서 / 추우니까 내가 난방을 켰다.
  (因为 / 由于天气冷, 所以我开了暖气。)

(83) 입맛이 없어서 / 없으니까 점심을 안 먹는 거니?
  (你是因为 / 由于没有胃口, 所以没吃午饭的吗?)

(84) 네가 이 분야의 *전문가이어서 / 전문가니까 날 좀 도와줘.
  (你是这方面的专家, 所以你得帮帮我。)

(85) 내가 지금 *바빠서 / 바쁘니까 나중에 얘기하자.
  (因为 / 由于我现在很忙, 所以我们以后再谈吧。)

  예문 (82), (83), (84), (85)에서 보듯이 '-아서'는 명령문과 청유문에서 사용될 수 없는데 '-니까'는 문장 종결 형태에 제약 없이 사용될 수 있다. 중국어의 '因为……所以', '由于……所以'는 모든 종결형에 쓰일 수 있으며 서로 바꿔 쓸 수 있다.[27]

(86) 거짓말을 해서 / 하니까 벌을 받았다.
  (他因为说谎, 所以受到了惩罚。)

---

26) 본고에서 한국어 예문에 대한 중국어 번역은 필자가 번역한 예시이며 유일한 번역 방법이 아니다. 예를 들면, 중국어에서 비슷한 의미를 표시하는 인과관계 관련사 '因 为', '由于' 등은 문장에서 수의적으로 바꿔서 쓰는 경우가 많다. 그러므로 동일한 한국어 문장에 대한 번역 방법은 여러 가지가 있을 수 있다.
27) '因为', '由于'는 의미 차이가 있지만 일반적으로 바꿔 쓸 수 있다. 이들의 차이는 '因为'는 원인, '由于'는 이유를 나타낸다고 파악할 수 있다.

(87) 날씨가 좋<u>아서</u> / 좋<u>으니까</u> 기분도 좋다.
  (<u>由于</u>天气好, <u>所以</u>心情也好。)

(88) 내일은 일요일이<u>어서</u> / 일요일이<u>니까</u> 아버지도 쉬는 날일 것이다.
  (<u>因为</u>明天是星期日, <u>所以</u>爸爸一定也休息。)

위의 예문을 보면 '-아서', '-니까'로 연결된 원인·결과 관계 접속문의 선·후행절은 동일 주어 제약이 없다. 중국어의 관련사 '因为……所以', '由于……所以'도 선·후행절의 동일 주어 제약이 없다. 또한 '-아서', '-니까'로 연결된 원인·결과 관계 접속문 선·후행절 서술어의 성질에 제약이 없다. 해당 중국어 표현에도 선·후행절에 명사, 동사, 형용사가 모두 나타날 수 있다.

(89) a. 손님이 <u>와서</u> 술상을 준비한다.
  a'. <u>因为</u>客人来了, <u>所以</u>准备酒席。
  b. 손님이 <u>오니까</u> 술상을 준비한다.
  b'. <u>因为</u>客人要来, <u>所以</u>准备酒席。

3.1.3.에서 '-아서'와 '-니까'의 의미 차이를 분석하였다. (89a)와 (89b)를 같은 의미로 보아도 되는데 이들을 반드시 구별하려면 (89a)는 손님이 와 있는 상태에서 발화한 것이고 (89b)는 손님이 오기 전에 발화한 것으로 설정할 수 있다. 이런 의미 차이가 해당 중국어 문장에서 어떻게 나타나는가? (89a)에 해당하는 중국어 문장 (89a')는 과거 완료를 나타내는 '了'를 사용하고 (89b)에 해당하는 중국어 문장 (89b')는 미래 시제를 나타내는 '要'를 사용하여 이들의 의미 차이를 나타낸다.

(90) a. 그것보다 이것이 낫(?겠, *았, *더)<u>어서</u> 이것을 샀다.
　　　 (我感觉这个比那个好, <u>所以</u>买了这个。)
　　 b. 그것보다 이것이 낫(?겠, *았, *더)<u>어서</u> 이것을 샀는가?
　　　 (因为你觉得这个比那个好, <u>所以</u>买了这个吗?)
　　 c. *그것보다 이것이 낫겠<u>어서</u> 그가 이것을 샀다. / 샀는가?
　　 c'. 他觉得这个比那个好, <u>所以</u>买了这个 / 买了这个吗?
　　 c". 그가 그것보다 이것이 낫다고 생각<u>해서</u> 이것을 샀다. / 샀는가?
　　 d. *그것보다 이것이 낫겠<u>어서</u> 이것을 사겠다.
　　　 (我觉得这个比那个好, <u>所以</u>打算买这个。)

위의 예문을 보면 '-아서'는 시상 선어말어미와의 결합에 많은 제약이 있다. 예문 (90a)에서 보듯이 '-아서'는 추정의 '-겠-'과의 결합만 가능하다. 선행절에 '-겠-'이 쓰이면, 접속문의 선·후행절에 또 다른 몇 가지의 제약이 수반된다. 이때 후행절의 종결형은 평서문인 경우, 후행절의 주어는 반드시 일인칭이며 후행절의 종결형은 의문문인 경우, 예문 (90b)와 같이 후행절의 주어는 반드시 이인칭이어야 한다. (90c)와 같은 후행절의 주어가 삼인칭인 경우, 문장이 비문이 된다. 또한 (90d)와 같이 선행절에 이미 '-겠-'이 나타났는데 후행절에 또 '-겠-'이 나타나면 문장이 역시 비문이 된다.[28] 중국어에는 '-겠-'과 같은 시상을 나타내는 선어말어미가 없다. 중국어 문장에서는 문법을 나타내는 성분도 단어로 인정한다. 서론에서 언급했듯이 중국어에서 뜻이 비교적 추상적이며 문장 구성을 돕는 문장 성분을 허사라고 한다. 하지만 '-겠-'과 같은 선어말어미는 경우에 따라 중국어의 허사인 정태조동사 '要', '能'뿐만 아리나, 실사인 동사 '认为', '觉得', '感觉' 등으로 나타날 수도 있다. 한국어

---

28) 이상복(1978) 참조.

의 '-아서'는 시상 선어말어미와의 결합에 많은 제약이 있으나 중국어에는 이런 제약이 없다. 그래서 (90c)와 같은 문장은 한국어에서는 비문인데 한국어를 배우는 중국인에게는 비문이라는 느낌을 주지 않는다. 중국어에 (90c')와 같은 문장이 존재한다. 이런 문장을 (90c")와 같이 한국어로 번역할 수 있다. 한국어와 중국어에서 뚜렷한 의미 차이나 용법 차이가 보이는 어휘, 문법 현상보다 이러한 미세한 차이가 보이는 문법 현상 등은 오히려 쉽게 틀리고 외국인한테 제일 배우기가 어려운 부분이다.

앞에서 서술했듯이 한국어의 접속문에서는 접속어미가 반드시 나타나야 하는데 중국어의 인과관계 접속문에서는 접속 표지가 종종 생략될 수 있다. 문어에서 정중하고 엄밀한 인과관계를 나타내기 위해 선·후행절에 모두 관련사를 사용하는 경우가 많은데 선행절이나 후행절 한쪽에만 관련사를 사용할 수도 있다. '因为'만 사용하면 원인이나 이유를 강조하고 '所以'만 사용하면 결과를 강조한다. 특별히 강조하지 않는 경우나 구어에서 선·후행절의 관련사를 모두 생략해도 된다.

이 밖에 한국어에서 '-아서'로 연결된 감사, 인사, 사과 표현이 있는데 해당 중국어 문장에서 인과관계 표현을 사용하지 않는다.[29]

> (91) a. 도와주<u>셔서</u> 감사합니다.
>
>   a'. 谢谢您的帮助。
>
>   a". *<u>因为</u>您帮助我，<u>所以</u>非常感谢。
>
>   b. 만나<u>서</u> 반갑습니다.
>
>   b'. 见到您很高兴。
>
>   b". *<u>因为</u>见到您，<u>所以</u>我觉得很高兴。

---

29) 예문은 전혜영(1989) 참조.

    c. 늦<u>어서</u> 죄송합니다.

    c'. 对不起, 我迟到了。

    c''. *<u>因为</u>我迟到了, <u>所以</u>觉得非常抱歉。

위의 예문을 보면, 한국어에서 '-아서'를 사용하여 감사, 인사, 사과 등을 표현하는 문장에 해당하는 중국어 표현은 인과관계 관련사를 사용하지 않는다. 관련사를 사용하면 오히려 간결하지 않은 이상한 문장이 된다.

3.4. 이 장의 요약

본장에서는 한국어의 원인·결과 접속문을 해당 중국어표현과 대조하였고 중국어의 인과관계 접속문에 대해서도 자세히 서술하였다. 본장에서 검토한 결과는 [표 9], [표 10]과 같이 정리할 수 있다.

[표 9] 한국어 원인·결과 접속문과 해당 중국어 표현

한국어 접속 관계	대표 한국어 접속 표지	논리 순서	해당 중국어 관련사	해당 중국어 접속 관계	비명시적 논리연결
원인· 결과	-아서, 니까, -므로, -기 때문에	원인·결과	因爲……所以, 由于……因而, 由于, 因此, 以至, 以致	(一般) 因果關係	○
	-니까		旣然……就	(推論) 因果關係	

[표 10] 중국어 인과관계 접속문과 해당 한국어 표현

중국어 접속 관계	대표 중국어 관련사	논리 순서	해당 한국어 접속 표지	해당 한국어 접속 관계	비명시적 논리연결
（一般） 因果關係	因爲……所以, 由于……所以, 由于……因而, 由于，因此, 以至，以致	원인·결과	-아서, 니까, -므로, -기 때문에	원인·결과	○
	……因爲, 之所以……是因爲	결과·원인	×	×	×
（推論） 因果關係	旣然……就	원인·결과	-니까	원인·결과	○
			-면	조건·결과	
			-는데	상황·보충	

위의 [표 9], [표 10]에서 보듯이 한국어의 원인·결과 접속문과 중국어의 인과관계 접속문은 명칭이 비슷한데 그 범위에 많은 차이가 보인다. 한국어 원인·결과 접속문은 원인·결과의 논리 순서를 따르며 중국어의 인과관계 접속문은 선행절에서 원인, 후행절에서 결과를 나타내는 순서와 선행절에서 결과, 후행절에서 원인을 나타내는 순서가 모두 가능하다. 대부분의 한국어 원인·결과 접속문은 중국어의 일반 인과관계 접속문에 해당하며 '-니까'로 연결된 접속문은 일반 인과관계 이외에 중국어의 추론 인과관계 접속문에 해당될 수도 있다. '因爲……所以', '由于……所以', '由于……因而' 등 관련사로 연결된 중국어 인과관계 접속문은 한국어의 원인·결과 접속문에 해당하며 '……因爲', '之所以……是因爲' 등 관련사로 연결된 중국어 인과관계 접속문은 한국어의 접속문으로 표현할 수 없다. '旣然……就' 등 추론 인과관계 관련사로 연결된 접속문은 경우에 따라 한국어의 원인·결과, 조건·결과, 상황·보충 접속

문에 해당된다. 또한 중국어의 원인·결과 순의 인과관계 접속문에서 관련사는 생략이 가능한 반면에 결과·원인 순의 인과관계 접속문에서 관련사는 생략될 수 없다는 것을 알 수 있다.

제4장

한국어 조건·결과 접속문과 해당 중국어 구문

조건·결과 접속문은 선행절의 내용이 후행절의 내용의 실현에 대한 조건이 되는 접속문을 말한다.[1] 한국어의 조건·결과 접속어미에는 '-면', '-다면', '-아야', '-거든', '-ㄹ진대' 등이 있다.[2]

---

1) 표준국어대사전에 따르면 '가정'은 사실이 아니거나 사실인지 아닌지 분명하지 아니한 것을 사실인 것처럼 임시적으로 정한 것이고 '조건'은 어떤 사실이 성립하거나 또는 발생하는데 기본이 되는 사항 중 직접의 원인이 아닌 것이다. 조건 형태들은 초기 국어 문법에서 가정으로 분류되어 왔다. 최현배(1937)에서는 '거짓잡기 매는 꼴'과 '거짓잡기 놓는 꼴'로 나누어 가정을 기준으로 하였고 이승녕(1961)에서도 가정법과 가상법으로 나누고 있다. 김승곤(1986)에서는 조건은 '만일', '만약', '가령', '가사' 등에 의해 이끌려진다고 보고 조건을 가정과 같은 개념으로 보았다. 김진수(1987a)에서는 가정과 조건은 원인과 이유만큼 구분하기도 쉽지 않고, 또한 실제의 언어생활에서는 거의 구분하지 않고 쓴다고 하여 조건과 가정을 같은 개념으로 보았다. 하지만 '가정'만으로 '-면' 등 접속어미의 의미기능을 개괄할 수 없다. '조건'은 '가정'보다 더 넓은 의미역을 갖고 있으므로 필자는 이런 접속어미들을 조건 접속어미로 보고자 한다.
2) '-거든'은 '-거'+'-든', '-던들'은 '-더'+'-ㄴ들'로 분석할 가능성이 있는데 본고에서는 조건 접속어미로서의 '-거든'과 '-던들'을 기본 형태로 보고 논의한다. 외국인을 위한 한국어문법(2005)에서 '-려면'도 조건 접속어미로 보지만 본고에서는 이를 '-려고 하면'의 줄인형으로 보고 논의에서 제외한다.

4.1. 한국어 조건·결과 접속문의 특성

4.1.1. 조건·결과 접속문의 일반 특성

지금까지 검토된 조건·결과 접속문의 특성은 다음과 같이 귀납할 수 있다.

① 형식은 반드시 조건절과 귀결절로 된다. 조건절은 귀결절의 앞에 오는 것이 일반적이다.

② 전제 상황과 결과 상황 중 적어도 어느 하나가 발화 당시에 실현되어 있지 않아야 한다.

③ 경우에 따라 조건절 앞에 가정 부사 '만일', '만약(에)', '가사', '설사', '가령' 등이 수의적으로 올 수 있다. 만일 조건의 성격을 벗어나서 완전히 가정의 성격을 띠게 되면 '만일에', '만약에' 등이 반드시 나타나야 한다.

조건·결과 접속어미 중에서 '-다면', '-아야', '-거든', '-ㄹ진대' 등으로 연결된 조건·결과 접속문은 위에 귀납한 특성에 잘 맞는다고 본다.

(1) 우리나라가 통일이 <u>된다면</u> 나는 먼저 금강산에 가 보겠다.

(2) 공부를 많이 <u>해야</u> 좋은 대학에 들어갈 수 있다.

(3) 돈이 <u>있거든</u> 좀 빌려 줘.

(4) 그대와 같이 건강할진대 무엇이 걱정되랴.

하지만 '-면'으로 연결된 조건·결과 접속문에는 위의 특성 2)에 어긋나는 경우가 있다.

(5) 주말이 되면 늘 고향에 내려갔다.

위의 예문 (5)의 선·후행절에서 서술한 상황은 일반적·습관적 사실로 모두 발화 당시에 실현된 상황이다.

4.1.2. 조건의 의미론적 유형

4.1.1.에서 잠깐 살펴보았듯이 '-면'은 비사실성이나 반사실성의 '가정'의 의미기능 이외에 사실 조건 등의 의미 기능도 있다. 따라서 본고에서는 접속문의 선행절이 실제로 발생하였는가에 따라 조건문의 하위 유형을 '사실 조건', '비사실 조건', '반사실 조건' 등 세 가지로 나눠 보고자 한다.3) 한국어의 조건·결과 접속어미 중에 '-면'은 가장 널리 쓰

---

3) 윤평현(1989)은 조건을 가정표현으로 보고 가정표현을 '화자가 어떤 사건의 사실의 진위와 관계없이 그 사건을 임시로 사실로 잡아서 하는 말'이라고 정의하였다. 그리고 가정을 시간에 따라 '초시간적 사건 가정', '미래사건 가정', '과거사건 가정'으로 나누고 사건의 실현 가능성에 따라 '사실성 가정'과 '반사실성 가정'으로 나누었으며, 사건의 한정에 따라 '지정 가정'과 '개방 가정'으로 분류하였다.
조건을 상위 개념으로 보고 가정을 그 하위 범주로 두는 논문이 많이 있다. 박승윤 (1988)에서는 전제의 사실 가능성 정도에 관한 화자의 신념에 따라 조건·결과 접속 문을 사실 세계, 불확실 세계, 가정 세계로 구분하였다. 이종철(1988)은 조건문을 '논리적, 일반적, 추정적, 개방적, 가상적, 반사실적 조건관계'로 분류하였다. 김승곤 (1988)은 광의적인 조건월을 거절조건월, 개방조건월, 양보조건월, 실현조건월, 홍정

여서 '-면'을 중심으로 서술하기로 한다.

4.1.2.1. 사실 조건과 비사실 조건

사실 조건은 그 조건이 이미 발생한 사건 또는 반복적으로 발생하는 사건, 일반적으로 사실로 굳어진 조건을 말한다. 그리고 비사실 조건은 그 조건이 발생하지 않았거나 사실성 여부가 확인되지 않은 조건을 말한다.

(6) [연구실로 찾아와 말을 하지 않는 학생에게, 선생님이]
    a. 왔으면 이야기를 해야지.
    b. *만일 왔으면 이야기를 해야지.

(7) [창문을 열고 비가 오는 것을 보며]
    a. 이렇게 비가 오면 오늘은 집에서 쉬자.
    b. *만일 이렇게 비가 오면 오늘은 집에서 쉬자.

(8) 새 친구가 왔거든 인사 안 할래?

(9) 나라를 사랑하고 아낄진대 어찌 군복무를 마다하겠어요?

(10) 중요한 약속이 있거든 어서 가 봐.

조건월, 마땅함조건월로 나눠서 다루었고 가정 접속문(거절조건월)과 조건 접속문(개방조건월)을 조건월의 하위분류로 본다. Li & Thompson(1981), Shin(1987) 등에서도 조건의 하위 범주를 사실적 조건과 가정적 조건, 반사실적 조건으로 가르고 가정을 조건 속에 포함되는 하나의 하위범주로 이해한다.

위의 예문 (6a), (7a), (8)의 선행절은 이미 발생한 사건을 나타내는 개별 사실로 이유나 근거를 나타낸다. (9), (10)의 선행절은 화자가 사실이라고 믿고 발화한 것이며 개별 사실로 볼 수 있다. '-ㄹ진대'는 화자가 사건에 대한 확실성을 가진 경우에 사용하므로 비사실 조건에 잘 사용되지 않는다. '-거든'은 비사실 조건에도 쓰이지만 주로 화자가 선행절 사건에 대해 확신할 때 사용된다.

 (11) a. 날이 새<u>면</u> 큰집에 다녀오너라.
    b. *만일 날이 새<u>면</u> 큰집에 다녀오너라.

 (12) a. 수요일의 이틀 뒤이<u>면</u> 금요일이다.
    b. *만일 수요일의 이틀 뒤이<u>면</u> 금요일이다.

위의 예문 (11a)의 선행절의 사실성이 사실상 확정되어 있다. 시간이 경과하면 날이 새는 것은 자연 법칙상으로도 확실한 사실이기 때문이다. (12a)는 발화시간과 상관없는 일반 사실이다. 이런 문장에는 '-면'만 쓰이고 가정 부사 '만일' 등을 사용할 수 없다.

 (13) a. 그가 진정한 친구이<u>면</u>, 네가 어려울 때 도와주어야 한다.
    b. 만일 그가 진정한 친구이<u>면</u>, 네가 어려울 때 도와주어야 한다.

위의 예문 (13a)는 중의적으로 이해될 수 있다. 하나는 그가 진정한 친구인지 아닌지를 확실히 알지 못하는 상황에서 말하는 것이고, 다른 하나는 화자가 그가 진정한 친구임을 알면서도 가상적 태도로 말하는 것이다. 전자는 비사실 조건에서 말하는 것이고 후자는 사실조건에서 말하는 것이다.4) 후자의 경우, 문장 안의 '-면'을 '-거든'이나 '-니까'로 대체할 수 있는데 '-면'은 보다 완곡한 표현이다. 양태 부사 '만약', '만일', '가사', '설령', '혹시' 등은 비사실 조건에서만 결합이 자유롭다. 따라서 (13a)에 '만일'을 첨가하여 (13b)와 같이 되면 선행절 내용의 사실성 여부가 결정되지 않는 문장이 되어 (13a)의 중의성을 해소할 수 있다. 비사실 조건은 과거나 현재 그리고 미래 모두에 쓰일 수 있다.

> (14) a. 옷이 안 맞<u>거든</u> 언제든지 바꾸러 오세요.
>   b. 친구를 만나<u>거든</u> 안부를 전해 주세요.

위의 예문 (14)와 같이 '-거든'은 비사실 조건에도 쓰인다. 하지만 '-거든'은 주로 화자가 선행절 사건에 대해 확신할 때 사용되기 때문에 '-거든'으로 연결된 비사실 조건 접속문에는 '만일' 등 양태 부사를 잘 사용되지 않는다.

4.1.2.2. 반사실 조건

반사실 조건은 과거나 현재의 사실과 반대되는 사건 또는 일반적인 사실과 반대되는 조건을 말한다.

> (15) a. 이 몸이 새<u>라면</u> 너에게 날아갈 텐데.
>   b. 만일 이 몸이 새<u>라면</u> 너에게 날아갈 텐데.

---

4) 사실성 여부가 고정되어 있지 않은 조건, 즉 비사실 조건을 개방 조건이라고도 한다. 윤평현(1989) 참조.

(16) a. 아까 택시를 탔<u>으면</u> 벌써 도착했을 거야.
　　 b. 만일 아까 택시를 탔<u>으면</u> 벌써 도착했을 거야.

위의 예문 (15)의 내용은 실현성이 전혀 없는 거짓 진술이다. 예문 (16)은 과거에 발생한 기성사실과 반대된 가설을 하는 반사실 조건이다.

위의 분석을 통해서 '-면'은 사실 조건, 비사실 조건, 반사실 조건 모두에 사용될 수 있는 것을 알게 된다. 비사실 조건이나 반사실 조건인 경우, 문장에 '만일'의 결합이 자유롭다. 사실 조건인지, 비사실 조건인지 명확하지 않을 때, 문장에 '만일'이 결합되면, 선행절의 불확정성이 더욱 강조되어 비사실 조건이 된다. 사실 조건의 경우에는 '만일'을 사용하지 못한다.

'-거든'은 개별사실, 비사실과 반사실 조건에 사용된다. '-ㄹ진대'는 개별사실에만 사용된다.

'-아야'는 필수적인 조건을 나타내며 반복적·습관적 사실, 비사실 조건과 반사실 조건에 모두 쓰일 수 있다.

(17) a. 배나 비행기를 <u>타야</u> 제주도에 갈 수 있다.
　　 b. 김치가 있<u>어야</u> 밥을 먹을 수 있었다.
　　 c. 신에게 열심히 빌<u>어야</u> 소원이 이루어진다.
　　 d. 새가 되<u>어야</u> 여기를 떠날 수 있다.
　　 e. [아버지의 사랑을 별로 받지 못한 딸이]
　　　　 내가 아들이었<u>어야</u> 아버지가 나를 좋아할 텐데.

위의 예문 (17a), (17b)는 반복적·습관적 사실, (17c)는 비사실 조건, (17d), (17e)는 반사실 조건을 나타낸다.

4.1.3. 조건·결과 접속어미의 의미와 통사적 특성

4.1.3.1. 조건 어미의 의미 기능

(1) '-면'과 상관 접속어미

① '-면'과 '-다면'

'-면'은 과거, 미래의 시상어미와 자유롭게 결합할 수 있으며 후행절에 평서문, 명령문, 청유문, 의문문, 약속문 등 다섯 가지 유형의 종결형을 취할 수 있다. '-면'은 다른 조건 접속어미보다 쓰임의 범위가 넓어 항진명제 등에도 사용될 수 있다.

'-다면'의 문장 유형에 따른 분포는 '-면'과 동일하지만 양태적 용법에서 '-면' 구문과 차이가 있다. '-면'은 '-다'와 같은 종결어미에 바로 붙을 수 없고 동사형에만 붙을 수 있다. 그렇지만 인용구문 '-다고 하면'이 축약되면 '-다면'이 쓰일 수 있다. 또한 축약형 '-다면'이 융합되면 새로운 조건 접속어미 '-다면'이 생긴다.[5] 융합형 '-다면'은 '-다고 하면'에서 온 것으로 원래는 인용의 뜻만을 표현하는 것인데 융합되어 다른 사람이 인정하는 사실이나 가정하는 사건을 화자가 받아들인다는 용법을 가지게 된다.

아래 예문 (18a)는 (18b), (18c)와 같은 두 가지의 중의적인 뜻이 있다.

> (18) a. 철수가 <u>온다면</u> 너는 가지 말아라.
> b. (철수가) 철수가 온다고 말하<u>면</u> / 전화하<u>면</u> / 하<u>면</u> 너는 가지 말아라.

---

5) 융합은 특정한 문법적 환경에서 두 단어 이상이 줄어서 한 단어로 되는 현상으로 이에 대해서는 안명철(1990, 1992), 이지양(1996) 참조.

    c. 다른 사람들이 알거나 가정하는 사실이 '철수가 온다'이면 너는
가지 말아라.

여기서 필자가 설명하고자 하는 것은 (18c)와 같은 융합형 '-다면'의
용법에 대한 것이다. 융합형 '-다면'은 앞에서 말한 바와 같이 다른 사
람이 인정하거나 가정하는 사건을 받아들이는 것이기 때문에 따라서 화
자가 알고 있는 일반적 진실이나 확고한 약속 같은 문장에서는 '-다면',
'-다고 하면'을 사용할 수 없고 '-면'만이 사용된다.

    (19) a. 봄이 오<u>면</u> 꽃이 핀다.
        b. *봄이 온<u>다면</u> 꽃이 핀다.

이와는 대조적으로 화자가 조건의 실현 가능성에 대해 부정적으로 생
각할 때 '-다면'을 사용하는 경향이 있다.[6]

    (20) 내가 신이<u>라면</u> 너를 용서해 줄 텐데.

---

6) 박승윤(1988)은 전제가 사실이거나 거의 사실적인 상황에서는 '-면'만이 사용되고 비
  사실 조건이면 '-다면', '-다고 하면'을 사용한다고 한다. '-면'은 전제의 사실성에
  관하여 화자 자신의 판단을 나타낼 때에 쓰이는데 '-다면'의 전제가 반드시 화자 자
  신의 판단일 필요가 없다고 한다. 또한 때로는 실현 가능성이 전혀 없는 데에도 '-라
  면' 대신에 '-면'을 쓸 수 있다고 한다.

  A : 너는 개다.
  B : 내가 개<u>면</u> / [?]<u>라면</u>, 너는 돼지다.

  위의 예문에서 'A'사람이 이미 'B'사람을 개라고 선언하였으므로 'B'사람이 이를 사
  실로서 받아들이는 것이 가능하다. 이처럼 어떤 경우에도 사실일 수 없는 가정의 세
  계에 속하는 사태도 화자가 이를 다시 가정하여 사실로서 파악하는 경우, 이때에는
  '-다면'보다는 '-면'이 더 적절하다.

(21) 우리나라가 통일이 <u>된다면</u> 나는 먼저 금강산에 가 보겠다.

(22) 만약 이 내용이 진실이<u>라면</u> 그는 너무나 억울한 정치적 희생물이
     됐던 셈이다.

위의 예문 (20)은 실현성이 없는 것으로 (21)은 실현성이 약하다고 판
단돼서 '되면'이 아니라 '된다면'으로 하는 것으로 생각된다. (22)의 '-다
면'은 외면적으로 가정함을 드러내는 의미가 있어서 화자가 자신의 발언
의 사실성에 대해서 책임을 강하게 지지 않으려는 의도가 보인다.[7]

② '-면'과 '-거든'
'-거든'은 후행절의 행위를 하게 되는 조건으로 어떤 행위를 하거나
어떤 상태에 있게 되는 경우를 미리 제시함을 나타낸다.

(23) a. 친구를 만나<u>거든</u> / 만나면 안부를 전해 주세요.
     b. 중요한 약속이 있<u>거든</u> / 있<u>으면</u> 어서 가 봐요.
     c. 날씨가 *춥<u>거든</u> / 추우<u>면</u> 옷을 더 입어야 해요.

위의 예문 (23a), (23b)에서 '-거든'과 '-면'이 모두 쓰일 수 있다. 하
지만 (23c)에서 '-면'만 쓰일 수 있다. '-거든'은 '-면'보다 덜 주관적이
고 명령문, 청유문, 순수의문문과 약속문에만 분포할 수 있으며 후행절
에 상태 동사가 올 수 없고 서술문이 올 수 없다. '-면'은 모든 종결형
에 쓰일 수 있는 점에서 '-거든'과 구분된다. 위의 예문 (23a), (23b)에서
'-거든'과 '-면'의 차이는 화자가 선행절 사건의 사실성이나 실현성을

---

7) 전혜영(1984) 참조.

확신하는 경우 '–거든'을 사용하고, 확신하지 않는 경우에는 '–면'을 사용한다.

'–거든'은 조건의 의미기능 이외에 선행절에서 어떤 사실을 예로 들어 말하고 후행절에서 선행절을 기초로 어떤 당연한 사실을 보충한다. 아래 예문에서 보듯이 이런 경우에는 상황·보충 접속어미 '–는데'와 비슷한 기능을 한다.

> (24) a. 짐승도 은혜를 알거든 하물며 사람이랴?
> b. 키워 준 부모님도 부모님이거든 어찌 그 은혜를 다 갚으랴?
> c. 이 길은 평소에도 잘 막히거든 하물며 오늘은 주말이다.

이 밖에 '–거든'은 종결어미로도 쓰인다.

> (25) a. 직장 동료들이 그를 싫어해. 뒤에서 남의 험담을 많이 하거든.
> b. 내가 좀 바쁘거든. (그래서 널 만날 수 없어.)

위의 예문 (25a)는 결론이나 결과를 먼저 이야기한 다음에 이유를 설명할 때 '–거든'을 사용한다. 예문 (25b)는 어떤 사실을 설명하듯 말하면서 뒤에 이야기가 계속 이어짐을 나타낸다. 이런 경우에 뒤에 이어지는 문장을 생략할 수도 있다.

'–거든'은 조건의 의미가 강화된다. 금지의 내용을 함축하고 있으므로 청자에게 좋지 않은 태도를 나타내게 된다. 화용론적으로 '–거든'은 필수조건에 사용될 수 없다. '–거든'에 비해 '–면'을 사용하면, 조건을 명확하게 제시하지 않아 더 공손한 표현이 된다.

(2) '-ㄹ진대'의 의미기능

'-ㄹ진대'는 선행절의 사실을 근거로 하여 후행절의 주장을 말한다.

> (26) a. 주인이 <u>취할진대</u> 누가 뭐라 하겠는가?
> b. 우리가 이웃<u>일진대</u> 서로 도와야 마땅하다.
> c. 지역 신문에 <u>따를진대</u> 그 경기는 취소되었다.
> d. 기왕 <u>싸울진대</u> 끝까지 싸워라.

위의 예문 (26a)는 수사 의문 표현이며 (26b)는 당위 의미를 가진 평서문이다. (26c)는 일반 평서문이며 (26d)는 명령문이다.[8]

(3) '-아야'의 의미기능

'-아야'는 선행절 행위나 상태가 후행절에 대한 필수적인 조건임을 나타낸다. 선행절의 내용이 이루어지지 않으면 후행절 내용이 실현될 수 없다. 그러나 선행절의 조건이 이루어져도 후행절의 서술 내용이 반드시 실현될 수 있는 것이 아니다. 선행절의 내용은 후행절 내용의 충분조건은 되지 못하고 필요조건만 된다. 평서문, 순수 의문문에 사용될 수 있으며 수사 의문문, 명령문이나 청유문에 사용되지 않는다. 의문문의 경우에도 강조를 위한 반어적 의문문을 제외하면 잘 사용되지 않는다. 이

---

8) 기존 연구에서 '-ㄹ진대'는 수사 의문문에 많이 쓰인다고 한다. 구어에 거의 사용하지 않고 일반적으로 후행절에 서술문, 순수 의문문, 명령문이나 청유문이 오지 않다는 설이 있는데 예문 (26b), (26c), (26d)에서 보듯이 꼭 그렇지 않다. 윤평현(1989)에서도 '출세는 못할진대 돈이나 벌어라.'와 같이 차선의 선택을 권하는 뜻으로 '-ㄹ진대…이나'와 같은 문형을 사용할 때, 후행절에 명령문과 청유문이 나올 수 있다고 하였다.

밖에 '-아야'는 어떤 사실을 가정하더라도 그것이 아무 소용이 없음을 나타내는 양보·결과 접속어미로도 쓰인다.

    (27) a. 이렇게 <u>해야</u>, 도움이 될 거야.
         b. 그렇게 <u>해야</u>, 도움이 안 될 거야.
         c. 호텔이 <u>아무리</u> 좋<u>아야</u> 제 집보다 못하다.

위의 예문 (27a)는 조건·결과 접속문이며 (27b), (27c)는 양보·결과 접속문이다. '-아야'는 양보·결과 접속어미로 쓰인 경우에 주로 부사 '아무리'와 함께 쓰이고 후행절에 부정 표현이 온다. 이런 경우에 '-아도'로 바꿔 쓸 수 있다.

(4) 조건의 의미로 쓰인 '-아도'와 '-다가'

'-아도'는 일반적으로 대립 접속어미나 양보·결과 접속어미로 분류된다. 하지만 '-아도'도 조건·결과를 나타내는 경우가 있다.

    (28) a. 사람은 돈이 너무 많<u>아도</u> 걱정이 많은 법이다.
         b. 지나치게 친절<u>해도</u> 오해를 받는다.
         c. *지나치게 친절<u>해도</u> 오해를 받았다.

위의 예문 (28)에서 보듯이 '-아도'가 조건·결과의 의미를 가질 때 후행절에 과거시제가 올 수 없고 화자의 추측이나 단정이 오는 특성이 있다.

'-다가'도 조건·결과의 의미를 가지는 경우가 있다.

(29) 누구나 무리하<u>다가</u> 병이 난다.

위의 예문 (29)는 선행절의 행위를 계속하게 되면 후행절의 결과가 생긴다는 뜻이다. 이런 경우에는 선행절 서술어는 지속성을 가진 동사를 요구한다.

(5) 조건의 의미를 나타내는 의사 접속표현

'-는 경우에', '-ㄹ 때' 등도 조건의 의미를 나타낼 수 있다.

(30) a. 돈이 필요할 <u>때</u> 나를 찾아와.
　　 b. 돈이 필요<u>하거든</u> 나를 찾아와.

(31) a. 꿀이 없는 <u>경우에</u> 설탕을 넣어도 된다.
　　 b. 꿀이 <u>없으면</u> 설탕을 넣어도 된다.

위의 예문 (30a)와 (30b), (31a)와 (31b)의 의미가 비슷하다.

4.1.3.2. 조건 어미의 통사적 특성

(1) 분포상 제약

한국어의 조건 접속어미 중에 '-면'은 가장 널리 쓰인다. '-면'의 후행절은 평서문, 명령문, 청유문, 의문문, 약속문 등 다섯 가지 유형의 종결형을 취할 수 있는데 '-거든', '-ㄹ진대', '-아야'는 문장 유형에 따른

분포의 제약이 있다.9)

(32) a. 삼각형의 세 변의 길이가 똑 같{으면, *거든, *을진대} 이 삼각
　　　 형은 정삼각형이다.
　　b. 달빛이 밝{으면, *거든, *을진대} 별이 잘 안 보인다.

(33) 힘이 들{면, 거든, *진대} 쉬었다 해라.

(34) 그 영화에 대한 평가가 좋{으면, 거든, *을진대} 우리도 내일 보러
　　 가자.

(35) a. 돈이 있{으면, 거든, *을진대} 좀 빌려 줄래?
　　b. 그 여자가 예쁘{면, *거든, ㄹ진대} 네가 청혼을 안 했을까?

(36) 네가 운전면허를 따{면, 거든, *ㄹ진대} 중고차를 사 주마.

위의 예문 (32a)는 진리 함수적 표현을 나타내는 평서문이며 (32b)는
경험을 바탕으로 한 사실을 나타내는 평서문이다. (33)은 명령문이며
(34)는 청유문이다. (35a)는 순수 의문문이며 (35b)는 수사 의문문이다.
(36)은 약속문이다. 위의 예문을 통해서 '-면'은 평서문, 명령문, 청유문,
의문문, 약속문의 다섯 가지 문장 유형 모두에 분포할 수 있으며 '-거
든'은 명령문, 청유문, 순수 의문문과 약속문에만 분포할 수 있으며 '-ㄹ
진대'는 수사 의문문에 분포할 수 있다는 것을 확인할 수 있다.

---

9) 한국어의 문장종결형을 몇 개의 유형으로 나누느냐 하는 문제는 관점에 따라 달라질
　 수 있다. 본고에서는 접속어미의 분포 특성의 일치성을 고려하여 감탄문을 평서문의
　 일종으로 보고 약속문을 독립된 문장 유형으로 본다. 약속문과 평서문의 구별에 대해
　 서는 고성환(2005) 참조.

(37) a. 시간이 있<u>어야</u> 집에 갈 수 있다.
    b. 김치가 있<u>어야</u> 밥을 먹을 수 있는가?
    c. 내가 죽<u>어야</u> 네가 정신 차리겠니?
    d. *꽃이 피<u>어야</u> 꽃구경을 가라.
    e. *일을 다 끝내<u>야</u> 퇴근하자.

위의 예문 (37)에서 쓰인 접속어미 '-아야'는 평서문, 순수 의문문에 사용될 수 있으며 수사 의문문, 명령문이나 청유문에 사용되지 않는다. 의문문의 경우에도 강조를 위한 반어적 의문문을 제외하면 잘 사용되지 않는다. '-아야'로 연결된 접속문의 선행절에서 제시한 조건 이외에 다른 조건이 후행절과 같은 결과를 실현할 수 없다는 뜻이 있다, 즉 후행절의 결과를 실현하기 위한 필수조건을 제시한다.

(2) 선행 어미

① '-었-', '-겠-'

(38) 순희가 왔{<u>으면</u>, <u>거든</u>, <u>을진대</u>, <u>어야</u>} 네가 마중나가겠느냐? (순수의문)

(39) 비가 오겠{<u>으면</u>, <u>거든</u>, *<u>을진대</u>} 우산을 사라. (추측)

(40) 이 문제를 풀겠{<u>으면</u>, <u>거든</u>, *<u>을진대</u>} 손을 들어라. (능력)

(41) *공부를 열심히 하겠<u>어야</u> 대학에 들어갈 수 있다.

위의 예문을 보면 '-었-'은 '-면', '-거든', '-ㄹ진대', '-아야'와 모두 결합할 수 있는데 '-겠-'은 '-면', '-거든'과만 결합할 수 있다.

② '-더'

회상의 '-더-'는 '-면'과 직접 결합할 수 없고 항상 '-더라'의 형식으로만 쓰이며 과거 사실과 반대되는 뜻을 나타낸다. 아래 예문 (42a)와 같이 '-더'는 다른 조건 접속어미와 결합될 수 없다. 또한 (42b)에서 보듯이 '-더라면' 앞에 반드시 '-었-'이 결합해야 문장이 성립된다. 이는 과거에 이루어지지 않은 선행절을 완결상태로 존재한 것처럼 가정하기 위한 것으로 보인다.

> (42) a. 일찍 사실을 알려주었더{라면, *거든, *느들, *르진대, *아야} 오
> 　　　　해 받지 않을 수도 있었잖아.
> 　　　b. *일찍 사실을 알려주더라면 오해 받지 않을 수도 있었잖아.

위에서 보듯이 '-었-', '-겠-'과 같은 시상 선어말어미 이외에 '-다', '-라'와 같은 종결어미도 '-면'에 선행할 수 있다. 이 가운데 '-다면'과 '-더라면'을 '-다'+'-면', '-더'+'-면'으로 분석할 수 있다고 볼 수도 있겠으나, 본고에서는 형태적 의미적 특징을 고려하여 '-다면', '-더라면'을 조건 접속어미에 선행어미가 융합된 형태로 본다.[10] '-더-'의 경우를 제외하고 조건 접속의 '-면'은 현재, 과거, 미래의 시상어미와 자유롭게 결합한다.

---

10) '-다고 하면'의 단순축약형인 '-다면'은 제외된다. 이에 대해서는 후술.

4.2. 중국어의 조건·결과 접속문[11)

중국어에서 조건·결과를 나타내는 접속문은 條件관계 접속문이라고 한다. 중국어 조건관계 접속문의 선행절에서 하나의 잠정적인 조건을 제기하고, 후행절에서 이 조건이 실현되었을 경우 어떤 결과가 나올 것인지를 설명한다. 선행절 조건의 종류에 따라 우선 일반조건문과 가정조건문으로 나눌 수 있다.

일반조건문은 다시 다음과 같이 세 가지로 나눌 수 있다.

① '只有……才', '除非……不'와 '除非……才' 등 관련사는 유일한 조건임을 나타낸다. 중국어에서 이를 필요조건관계 관련사라고 한다.

    (43) a. (只有)多读书, (才)能提高修养。

        b. *多读书, 能提高修养。

---

11) 중국어 명시적 논리 연결 표지의 수량은 한국어 접속어미보다 현저히 많다. 가설 관계를 나타내는 명시적 논리 연결 표지를 예로 들어 그들의 의미 차이를 보면 다음과 같다 : '假如', '假使', '假若'은 같은 의미를 지닌다고 볼 수 있다. 이 중에서 '假使'는 문두에 올 수도 있고 문중에 올 수도 있다. 이런 점에서 다른 관련사와 구별된다. '倘若', '倘', '倘或', '倘使'는 가설과 추론의 의미를 갖고 있다. '倘若'은 옛날부터 사용해 온 연사이어서 주로 문어에 사용되고 있다. '倘若'이 표현하는 가설 의미는 '如果', '假如'보다 강하다. '设若', '设', '设使'는 文言(옛 중국 문어) 虛詞이다. 그 뜻과 용법은 '如果' 등과 다름이 없다. '要是', '要'는 구어에서 자주 사용한다. '要是……的話'도 구어에서 자주 사용되며 '要是'보다 강한 가설 의미를 갖고 있다. '如果, 如, 若, 如若, 若是'는 제일 흔히 쓰인다. 앞에서 '若' 등은 文言허사라는 점을 언급한 적이 있다. '如若', '若是' 등 '若'자가 포함되어 있는 단어들도 문언허사의 성질을 갖고 있다, 이 중에서 '若是'의 문언적 성격이 상대적으로 약하다. 이 밖에 '如果'는 대비를 표현할 수 있는데 '倘若'은 이런 경우에 쓰이지 않는다. 現代漢語虛詞例釋(1982), 周剛(2002) 참조.

위의 예문 (43)에서 보듯이 이러한 필요조건관계 접속문 선행절이나 후행절의 관련사 중의 하나가 수의적으로 생략될 수 있다. 하지만 예문 (43b)와 같이 선·후행절의 관련사가 동시에 생략될 수 없다. 선·후행절의 관련사가 모두 생략되면 원문의 '필요조건'의 의미가 사라지고 단순한 진술문이 된다.

② '只要'는 그 조건이면 그 결과가 된다는 뜻을 나타내며, 다른 조건이라도 그 결과로 되는 것도 부인하지 않는다. 중국어에서 이를 충분조건관계 관련사라고 한다.

(44) (只要)努力, 就可能成功。
　　　(열심히 하기만 하면 모든 사람이 다 성공할 가능성이 있다.)

이런 충분조건관계 접속문에서 선행절에 나타난 관련사 '只要'가 수의적으로 생략될 수 있다. 후행절에 사용된 관련사 '就'는 선행절은 충분조건임을 암시하기 때문에 원문의 뜻을 유지하려면 '就'를 생략하지 말아야 한다.

③ '不论……都', '无论……都', '不论', '不管'은 선행절에서 가정한 조건의 실현여부와 관계없이 후행절의 사건이 발생할 수 있다는 뜻이다. 중국어에서 이를 無條件 관계 관련사라고 한다.

(45) a. 无论天气好不好, 我都去游泳。
　　　b. 天气好不好, 我都去游泳。

    c. *天气好不好, 我去游泳。

    (날씨가 좋든 나쁘든, 나는 수영하러 간다.)

(46) a. <u>不管</u>谁有困难, 我们<u>都</u>应该帮助他。

    b. 谁有困难, 我们<u>都</u>应该帮助他。

    c. *谁有困难, 我们应该帮助他。

    (누구나 어려움이 있<u>으면</u> 우리가 그를 도와 줘야 한다.)

(47) a. <u>不管</u>工作多么忙, 他<u>都</u>每天运动一个小时。

    b. 工作多么忙, 他<u>都</u>每天运动一个小时。

    c. *工作多么忙, 他每天运动一个小时。

    (일이 아무리 바<u>빠도</u> 그는 매일 한 시간씩 운동을 한다.)

예문 (45a)에서 선행절에 '날씨가 좋다, 날씨가 나쁘다'와 같은 서로 상반되는 상황이 같이 나오며 모든 날씨 상황에서의 뜻을 표현한다. 윤평현(2005)에서 이런 문장을 양보관계 접속문의 일종으로 본다.[12] 이때 선행절의 관련사를 생략해도 되지만 후행절의 관련사 '都'는 생략될 수 없다. '都'가 생략되면 선행절은 더 이상 모든 상황에서의 의미가 아니라 선택관계 의문문이 되어 원래의 접속문이 비문이 된다. 예문 (46a)의 경우, 선행절의 '谁'는 의문대사가 아니라 '누구나, 누구든지'라는 뜻이다. 선행절의 관련사 '不管'을 생략해도 되지만 후행절의 관련사 '都'는 생략될 수 없다. 예문 (47a)의 경우, 선행절의 '多么'의 의미가 '극화'되어 '아무리 바빠도'라는 뜻을 가진다. 선행절의 관련사 '不管'을 생략해

---

12) 윤평현(2005)에서 '-든지⋯-든지'나 '-거나⋯-거나' 등에 의해서 연결되며 선행절에 나열된 두 가지 대립되는 가정 중에 어느 하나를 선택해도 결과가 같음을 나타내는 접속문을 '선택적 양보절'이라고 이름을 지었고 이를 양보관계 접속문의 일종으로 본다. 예를 들면, 1) 그가 오<u>든지</u> 안 오<u>든지</u>, 나와 상관이 없다. 2) 당신이 먹었<u>든지</u> 안 먹었<u>든지</u> 음식값은 치러야 한다.

도 되지만 후행절의 '都'는 생략될 수 없다. '都'가 생략되면 선행절은 '얼마나 바쁘냐?'의 의미로 해석되어 문장이 비문이 된다.

중국어 조건관계 접속문 중에 일반조건문 이외에 접속문의 선행절이 가정적인 의미를 나타내는 가정조건문도 있다.

> (48) a. (<u>要是</u>)暑假比较长，我(<u>就</u>)到南方去玩。
>   (만약 여름 방학이 길<u>다면</u> 나는 남쪽으로 놀러갈 것이다.)
>   b. *暑假比较长，我到南方去玩。
>   (여름 방학이 길<u>어서</u> 나는 남쪽으로 놀러간다.)

> (49) a. (<u>如果</u>)有什么事，请你打电话给我。
>   (무슨 일이 있<u>으면</u> 저한테 전화해 주세요.)
>   b. *有什么事，请你过来一下。
>   (할일이 있<u>으니</u> 잠깐 이쪽으로 오세요.)

> (50) 每天光玩(<u>的话</u>)，会落榜的。
>   (매일 놀기만 하<u>다가</u>는 시험에 떨어지겠다.)

위의 예문 (48a), (49a), (50)은 선행절이 가정적인 의미를 나타내는 가정 조건문이다. 이런 문장에서 관련사의 사용 상황은 다음과 같다. 예문 (48a)의 선행절의 관련사 '要是'나 후행절의 관련사 '就' 중의 하나가 생략될 수 있지만 선·후행절의 관련사가 동시에 생략되지는 못한다. (48b)처럼 선·후행절의 관련사가 모두 생략되면 문장의 가정의미가 사라지고 원인·결과 관계로 해석된다. 하지만 예문 (49a)에서 관련사 '如果'가 생략될 수 있다. 그 원인은 (49a)의 선행절 '有什么事'(무슨 일이 있으면)는 아직 확실하지 않는 일이나 발생하지 않는 일에 대한 가정을 나

타내기 때문이다. 이에 비하여 (49b)의 선행절 '有什么事'(할 일이 있으니)
는 무슨 일이 이미 존재하는 뜻이어서 문장은 원인·결과 관계 접속문
이다.13) (50)에서의 '会'는 확정성이 아닌 가능성을 나타낸다. 선행절의
관련사 '的话'가 생략되어도 문장의 의미에 영향을 미치지 않는다.

　아래와 같이 선행절 내용의 가정 의미가 강하면, 즉 거의 실현이 불가
능한 경우, 선행절에 관련사를 사용하지 않아도 된다.

(51) (如果)我当皇帝, 你们都跟着借光。
　　　(내가 황제가 되면 너희들이 다 덕을 볼 거야.)

(52) 我(要是)有枪, 第一个把你毙了。
　　　(나한테 총이 생기면, 맨 먼저 너를 죽일 거야.)

(53) (假如)我是老师, 学生都不用考试。
　　　(내가 선생님이면, 학생들이 다 시험을 안 봐도 될 거야.)

　위의 예문 (51), (52), (53)의 선행절의 실현성이 거의 없음을 화자와
청자가 모두 아는 경우, 화자가 이런 발화를 할 때 선행절의 관련사를
생략해도 된다. 특히 구어에서 관련사가 생략된 표현이 많이 쓰인다. 아
래 문장에서도 관련사를 사용하지 않아도 되지만 문어로 쓰이거나 가정
의미를 더 강하게 나타내려면 선행절에 가정 의미 관련사를 사용하는
경우가 많다.

---

13) (49a)와 (49b)의 선행절의 형태가 똑같은데 후행절의 의미에 의해, 두 문장의 선행절
　　이 다른 의미로 해석되고 두 문장도 접속 관계가 다른 접속문으로 판단된다. (49a)
　　의 후행절은 '(무슨 일이 있을 때) 전화해 주세요.'의 뜻이어서 선행절의 불확실성을
　　암시하며 (49b)의 후행절은 '당장 이쪽으로 오세요.'의 뜻이어서 선행절의 확실성을
　　암시한다.

(54) (<u>假使</u>)有一天地球毁灭了, 宇宙将是什么样子?
　　(어느날 지구가 멸망하<u>면</u> 우주가 어떤 모습이 될까?)

(55) (<u>假若</u>)世界上没有战争, 那该多好啊!
　　(세상에 전쟁이 사라진<u>다면</u> 얼마나 좋겠는가?)

중국어의 조건 접속문에서 '如果……的话, 那么……'를 많이 사용한다.14)

(56) <u>如果</u>你不情愿<u>的话</u>, <u>那么</u>就不要勉强答应了。
　　(네가 내키지 않<u>으면</u> 억지로 승낙할 필요가 없다.)

(57) <u>如果</u>激光手术治疗近视没有副作用<u>的话</u>, <u>那么</u>就不会看见戴眼睛的眼科
　　医生了。
　　(라식수술이 부작용이 없<u>다면</u> 안경을 쓴 안과 의사를 못 볼 것
　　이다.)

하지만 위의 예문과 같이 가정조건관계를 나타내는 것 이외에 이런 문형은 다음과 같은 용법이 있다.

① 대비를 통해서 선·후행절의 점진관계나 대조관계를 형성한다.15)

---

14) '的话'는 통상적으로 선행절의 끝에 나타나 가정 조건관계 접속문을 만든다. '的话'는 또한 '如果', '要是', '万一' 등과 같이 사용되어 문장의 가설 의미를 강화시킨다. '的话'를 연사로 보는 관점도 있는데 통상적으로 연사는 피연결성분의 앞에나 사이에 나타나므로 본고에서는 '的话'를 조사로 본다. 張誼生(2000) 참조.

15) 이런 문장 선·후행절의 관계는 대조관계나 점진관계인데 문장의 형식은 가정조건 관계이다, 周静(2007)에서 이런 문장을 '漸進式 假設句'라고 부른다. 본고에서는 이에 따라 이런 문장들을 조건관계 접속문으로 본다.

(58) <u>如果说</u>三年前她还有些姿色的话，<u>那么</u>现在她已经完全是个老太婆了。
   (삼년 전의 그녀에게 자색이 좀 남아 있었<u>다고 하더라도</u> 지금의
   그녀는 완전한 노부인이다.)

(59) <u>如果说</u>小李比较聪明，<u>那么</u>小张简直就是天才。
   (이 씨가 똑똑한 편이<u>라고 하면</u>, 장 씨는 그야말로 천재이다.)

② 선·후행절이 의미와 형식이 유사한 比論을 형성한다.

(60) <u>如果</u>你是小鸟，<u>那么</u>我愿是你自由栖息的白桦林。
   (당신이 작은 새<u>라면</u>, 나는 당신이 자유롭게 살 수 있는 자작나무
   숲이 되고 싶다.)

(61) <u>如果说</u>孩子的自我成长是在构筑一幅画，<u>那么</u>父母便是在画上添彩的画
   师!
   (아이들의 자아성장을 한 폭의 그림을 그리는 데 비유한<u>다면</u>, 부
   모님은 이 그림의 광채를 더 해주는 화가이다.)

③ 기정사실을 가정법으로 서술하여 공손적인 의미를 나타낸다.

(62) [회의에서 이미 모든 사람이 계획에 찬성한다는 의사를 표시했다]
   a. <u>如果</u>大家都不反对<u>的话</u>，<u>那</u>我们就按这个计划实行吧。
      (반대하는 분이 안 계신<u>다면</u>, 이 계획대로 진행합시다.)
   b. <u>既然</u>大家都不反对，<u>那</u>我们就按这个计划实行吧。
      (아무도 반대하지 않<u>으니까</u> 이 계획대로 진행합시다.)

예문 (62)는 회의에서 이미 모든 사람이 계획에 찬성하는 의사를 표시
한 경우, 사회자가 마지막으로 하는 한 마디이다. 사회자가 (62b)보다

(62a)처럼 발화할 가능성이 높다. 기정사실을 가정법으로 서술하여 부드 럽고 예의바른 느낌을 준다.

양보도 가정의 의미를 가질 수 있으니 중국어에서 한국어의 일부 양 보·결과 접속문도 중국어의 조건관계 접속문에 해당된다. 선행절의 관 련사 ‘即使’는 수의적으로 생략될 수 있다.

(63) (<u>即使</u>)你去, 我也不去。
     (네가 <u>가도</u> 나는 안 간다.)

(64) (<u>即使</u>)风再大, 船也要出港。
     (비록 바람이 거셀<u>지라도</u> 배는 떠난다.)

이 밖에 중국어에서 ‘怎么……也’로 연결되는 조건관계 접속문이 있다.

(65) <u>怎么</u>想<u>也</u>想不起来。
     (<u>아무리</u> 생각해<u>봐도</u> 생각이 안 난다.)

(66) <u>怎么</u>找<u>也</u>找不到。
     (<u>아무리</u> 뒤져도 찾지 못했다.)

(67) <u>怎么</u>吃<u>也</u>吃不胖。
     (<u>아무리</u> 먹어도 뚱뚱해지지 않는다.)

그리고 접속 표지가 나타나지 않는 조건관계 긴축문도 있다.

(68) 超速危险。
     (과속하면 위험하다.)

(69) 缴枪不杀。
(총을 내 놓<u>으면</u> 죽이지 않겠다!)

(70) 撒谎是你儿子。
(내가 거짓말을 하<u>면</u>, 네 아들이다.)

위의 예문 (68)은 도로의 경계문이며 (69)는 전쟁에서 군인이 사용하는 구호이기 때문이다. 도로에서 운전하는 사람이 긴 문장을 읽을 시간이 없어서 문장을 짧게 만들어야 하며 전쟁터의 급한 상황에서도 길게 말을 할 수 없어서 문장을 짧게 만들어야 한다. 또한 짧은 문장은 경계나 명령적인 어세가 더 강해 보인다. (70)은 거짓말을 안 하였다고 굳게 맹세할 때 사용하는 관용적인 표현이다. 이런 표현들은 사람들이 오랫동안 중국어를 사용하는 과정에서 점점 고정된 형식으로 굳어진 말이어서 명시적인 논리 연결 표지를 사용하지 않아도 문장의 의미가 애매하지 않다. 하지만 이런 문장은 관용적인 표현이어서 마음대로 만들어서 사용할 수 없다.

4.3. 한·중 조건·결과 접속문 대조

제1장에서 언급한 바와 같이 조건 접속어미 '-면'이 쓰인 접속문은 조건의 의미론적 유형에 따라 중국어의 가설조건 접속문, 반복적·습관적 조건 접속문, 추론적인 인과관계 접속문 등에 해당된다. 한국어의 조건·결과 접속어미에 해당하는 중국어 명시적 논리 연결 표지는 다음과

같다.16)

　① 条件关系 :
　　　1) 假设 条件关系 :
　　　　如果, 假定, 假如, 假使, 假若, 假设, 倘若, 倘使, 倘或, 若, 要是,17)
　　　　设若, 设使, 万一, 如, 倘, 设, 令, 若, 苟, 的话 등18)
　　　2) 一般 条件关系 :
　　　　一……就, 只要……就 등
　② 推论 因果关系 :
　　　既然……就, 既然……那么 등

4.3.1. 조건·결과 접속문과 해당 중국어 표현

4.3.1.1. '-면', '-다면'과 해당 중국어 표현

(71) 어머니가 아름다우면 딸도 아름답다.
　　(妈妈长得漂亮的话, 女儿也漂亮。)

(72) 아이가 보채면 우유를 먹여라.
　　(如果孩子闹, 就喂他牛奶。)

---

16) 중국어에서 '就是', '就算', '纵然', '哪怕' 등도 假设관계 관련사에 속하지만, 이들의
　　의미는 한국어의 양보·결과 관계 접속어미와 비슷해서 본고의 제5장에서 다룰 것
　　이다. 같은 이유로 '-면'에 해당할 수 없는 기타 관련사도 본고에서 다루지 않는다.
17) '要是'는 구어에 많이 쓰이고 '假如', '假使', '假若' 등은 문어에 많이 쓰인다.
18) '設', '令', '若', '苟' 등은 고대부터 써 온 가정 조건관계 연사이다. 예를 들면, 設 :
　　設百歲后, 是屬宁有可信者乎?(『史記, 灌夫傳』), 令 : 令我百歲后, 皆魚肉之矣。(『史記, 魏其
　　武安侯列傳』), 若 : 天若有情天亦老(李賀, 「金銅仙人辭漢歌」), 苟 : 苟可以利民, 不循其礼。
　　(『商君書, 更法』)

   (73) 날씨가 좋<u>으면</u> 소풍을 갑시다.
      (天气好<u>的话</u>, 我们去兜风吧)

   (74) 그 여자가 예쁘<u>면</u> 네가 청혼을 안 했을까?
      (<u>要是</u>那个女孩子长的漂亮, 你能不向她求婚?)

   (75) 네가 이기<u>면</u>, 내가 밥을 사 줄게.
      (<u>如果</u>你赢了, 我请你吃饭。)

위의 '–면'이 쓰인 각 문형의 문장들이 중국어로 번역할 때 대부분의 경우, '的话', '如果', '要是'와 같은 가설 조건을 나타내는 논리 연결 표지를 수의적으로 바꿔 쓸 수 있다.

   (76) 영희가 좀 더 빨리 갔<u>으면</u> 어머니를 만날 수 있었을 거야.
      (英姬<u>要是</u>早一点儿到那儿<u>的话</u>, 就能看见她的妈妈了。)

   (77) 비가 오겠<u>으면</u> 우산을 사라.
      ((<u>觉得</u>)快要下雨<u>的话</u>, 就买把雨伞。)

위의 한국어 예문에서는 양태와 시상을 나타내는 선어말어미가 '–면'에 선행한다. 이런 선어말어미는 중국어 문장에서 '了', '要', '会' 등으로 나타낸다. '–면'에 선행하는 어미가 있는 경우에도 해당 중국어 문장에서 조건관계를 나타내는 '的话', '要是', '假如' 등 관련사를 수의적으로 바꿔 쓸 수 있다. 위의 예문을 통해서 '–면'이 쓰인 조건 접속문에서 선어말어미의 사용 여부가 해당 중국어 표현에서 논리 연결 표지의 사용에 영향을 미치지 않는다는 것을 알 수 있다.

한국어에서는 화자가 조건의 실현 가능성에 대해 더 부정적으로 생각할 때 '-면' 대신 '-다면'을 사용하는 경향이 있는데 해당 중국어 표현에서는 이런 구별이 사라진다. 중국어에서는 형태의 변화가 없고 문맥을 통해서 문장 의미를 파악하는 특성이 강하기 때문이다.

(78) a. 철수가 온다면 너는 가지 말아라.
　　 b. 철수가 오면 너는 가지 말아라.
　　 c. 哲洙来的话你就别去了。

위의 예문 (78a)와 (78b)는 중국어에서 모두 (78c)로 표현할 수 있다.

(79) a. 내가 신이라면 너를 용서해 줄 텐데.
　　 b. 倘若我是神，我就原谅你。

(80) a. 만약 이 내용이 진실이라면 그는 너무나 억울한 정치적 희생물
　　　　이 됐던 셈이다.
　　 b. 如果这些内容全部属实的话，那他岂不枉成了政治的牺牲品?

(79a)는 실현 가능성이 없는 거짓 가설이다. 이런 문장에 해당하는 중국어 문장에서 '倘若'과 같은 가설 관계 명시적 논리 연결 표지를 사용해야 한다. (80a)는 화자가 자신의 발언의 사실성에 대해서 책임을 강하게 지지 않으려는 의도를 가지고 있어서 가설 관계 명시적 논리 연결 표지 '如果'를 사용하여 문장을 더 객관화시킨다.

4.3.1.2. '-거든'과 해당 중국어 표현

(81) a. 약속이 있<u>거든</u> 먼저 가 봐.
　　 b. 你有约会(<u>的话</u>), <u>就</u>先走吧。
　　 c. (<u>既然</u>)你有约会, 你<u>就</u>先走吧。
　　 d. (<u>如果</u>)你有约会, 你<u>就</u>先走吧。

(82) a. 그 영화에 대한 평가가 좋<u>거든</u>, 우리도 내일 보러 가자.
　　 b. 那个电影评价不错(<u>的话</u>), 我们明天<u>也</u>去看吧。
　　 c. (<u>既然</u>)那个电影评价不错, 我们明天<u>也</u>去看吧。
　　 d. (<u>如果</u>)那个电影评价不错, 我们明天<u>也</u>去看吧。

'-거든'으로 연결된 접속문 (81a), (82a)에 해당하는 중국어 표현에는 '的話', '既然……就', '如果' 등 여러 가지 관련사를 사용할 수도 있고 관련사를 생략해도 된다. 이는 '-거든'이 사용된 접속문의 선행절이 사실성인 가능성이 많아서 가설 조건관계뿐만 아니라 추론적인 인과관계를 나타내는 관련사도 사용될 수 있기 때문이다. 일반적으로 (81a), (82a)에 해당하는 중국어 표현에서 '的話', '既然'이 '如果'보다 더 많이 쓰인다. '的話'는 '如果'보다 사실성이 좀 더 강한 표현으로 볼 수 있다.

4.3.1.3. '-아야'와 해당 중국어 표현

'-아야'로 연결된 접속문은 필수 조건을 나타내며 선행절의 내용이 이루어지지 않으면 후행절 내용이 실현될 수 없다. 기타 조건 접속문과 구별하고 조건의 필수성을 강조하기 위해서 '-아야'로 연결된 접속문은 선행절의 사실성과 상관없이 해당 중국어 표현에는 관련사 '只有……才'

를 사용한다.

> (83) a. 책을 많이 읽<u>어야</u> 교양이 높아진다.
> a'. (只有)多读书, <u>才</u>能提高修养。
> b. 건강이 좋<u>아야</u> 다른 일을 잘 할 수 있다.
> b'. (只有)身体好, <u>才</u>能做好其他的事情。
> c. 날개가 있<u>어야</u> 여기를 떠날 수 있다.
> c'. (只有)长了翅膀, <u>才</u>能离开这儿。

위의 예문 (83)에서 보듯이 선행절의 사실성과 관계없이 관련사 '只有……才'를 사용한다. 위의 예문에서 '才'만 사용하고 '只有'를 생략해도 된다.

4.3.2. 조건의 의미론적 유형에 따른 중국어 표현[19]

4.3.2.1. 사실 조건

중국어에서 사실 조건에 해당하는 표현은 다음과 같다.

---

19) 기존 연구에서 박승윤(1988)은 전제의 사실 가능성 정도에 관한 화자의 신념에 따라 전제를 사실 세계, 불확실 세계, 가정 세계로 구분하였다. Comrie(1986)는 전제절의 진리치나 사실성을 명확하게 몇 등분으로 나눌 수는 없다고 하였다. 가정은 연속성을 가지고 있어서 명확한 경계는 없으며, 여러 언어들은 이 연속선을 따라 서로 다른 정도를 나타내는 것으로 조건을 구분하고 있다고 하였다. 따라서 사실적 조건은 가정성의 정도가 낮은 것을 말하며, 반사실적 조건은 가정성의 정도가 아주 높은 것을 말하는 것이어서, 가정성이 조건의 특성을 결정해 주는 가장 기본적인 의미 특성이 된다고 주장하였다.

(84) [창문을 열고 비가 오는 것을 보며]
　　　a. 이렇게 비가 오면 오늘은 집에서 쉬자.
　　　b. (既然)下这么大的雨，我们今天在家休息吧。

　위의 예문 (84a)에서 '-면'은 이유나 근거를 제시하여 선행절은 이미 발생한 사건을 나타내는 사실 조건이다. 이러한 사실성 전제는 중국어의 인과관계 논리 연결에 해당한다. 해당 중국어 문장에서 (84b)와 같이 추론의 인과관계를 나타내는 명시적 논리 연결 표지 '既然'을 사용해도 되고 이를 생략해도 된다. 그 이유는 선행절에 나타난 부사 '这么'가 '지금 비가 많이 내리고 있다.'라는 사실을 암시하며 후행절에 나타난 어기조사 '吧'는 청유의 의미를 지니고 있어서 문장을 선행절의 기성사실에 대한 추론적인 인과관계를 나타내는 접속문으로 판정하는 충분한 이유를 갖추었기 때문이다. 명시적인 논리연결표지를 사용하지 않아도 접속문 선·후행절의 의미관계가 명확한 경우, 명시적인 논리연결 표지가 수의로 생략될 수 있다.

(85)　a. 엄마는 항상 6시가 되면 일어나신다.
　　　b. 妈妈总是六点起床。
　　　c. 妈妈总是一到六点就起床。

(86)　a. 봄이 오면 꽃이 핀다.
　　　b. 春天花会开。
　　　c. 一到春天，花就会开。

(87)　a. 그는 취하면 사람을 괴롭힌다.
　　　b. 他喝醉缠人。
　　　c. 他一喝醉就缠人。

위의 예문 (85a), (86a), (87a)와 같은 경우는 어떤 조건이 실현되면 늘 발생하는 행동이나 일어나는 현상을 나타내는 일반 조건문이다. 이런 문장은 (85c), (86c), (87c)에서 보듯이 '一……就'와 같은 조건관계 명시적 논리 연결 표지로 연결할 수 있다. 하지만 (85a), (86a)에서와 같이 주기로 반복되는 시간이나 계절인 경우, (85b), (86b)처럼 원문의 선행절 조건은 중국어 표현에서 시간부사로 나타나게 되어 문장은 논리 연결 표지를 사용하지 않는 단문이 된다. 나머지의 경우, 예를 들면, (87)과 같이 선행절 조건이 반복성이 현저하지 않은 일반 동작인 경우, 해당 중국어 문장에서 (87c)처럼 명시적 논리 연결을 많이 사용한다. 또한 (87a)는 (87b)와 같이 번역될 수도 있는데 이런 경우는 '그'의 습관적 성질을 서술하는 단문이 된다.

(88) a. 수요일의 이틀 뒤이면 금요일이다.
     b. 星期三的后两天是星期五。
     c. *如果 / *既然 / *一到星期三的后两天是星期五。

(88a)와 같은 발화시간과 상관없는 일반 사실인 경우에 대해서는 더 이상 어떤 조건을 부여하거나 어떤 가정을 할 필요가 없다. 따라서 이런 문장에 해당하는 중국어 표현은 접속문이 아닌 '주어 +서술어' 관계 단문이 되며 명시적 논리 연결 표지를 사용하지 않는다.

종합적으로 사실 조건의 '-면' 구문은 다음과 같은 경우에 해당 중국어 표현에 명시적인 논리 연결 표지를 사용하지 않아도 된다.

① 개별사실 관계로 논리상의 인과관계가 명확한 경우
② 반복적·습관적 사실 관계를 형성한 경우

③ 일반적 사실 관계를 형성한 경우, 이 경우는 '주어 +서술어' 구문을 형성한다.

4.3.2.2. 비사실 조건

비사실 조건은 그 조건이 발생하지 않았거나 사실성 여부가 확인되지 않는 조건을 말한다. 중국어에서 비사실 조건에 해당하는 표현은 다음과 같다.

(89) a. 그가 중국에 왔<u>다면</u> 우리에게 전화할 거야.
     b. 他<u>如果</u>来中国了，会给咱们打电话的。
     b'. *他来中国了，会给咱们打电话的。

(90) a. 그가 정말 너를 사랑하<u>면</u>, 내일 너의 청혼을 거절하지 못할 것이다.
     b. 她真爱你<u>的话</u>，明天不会拒绝你的求婚。
     b'. *她真爱你，明天不会拒绝你的求婚。

(89a)는 비록 과거에 발생한 일에 대한 추측이지만 확인되지 않는 경우이어서 비사실 조건에 속한다. (90a)는 확실하지 않은 상황에서 미래에 실현될 가능성이 있는 일에 대한 추측이다. (89a), (90a)와 같은 비사실 조건을 중국어로 번역할 때 '的话', '如果'와 같은 가설 관계 명시적 논리 연결 표지를 사용한다. 만약 (89b'), (90b')와 같이 명시적 논리 연결 표지를 사용하지 않으면 문장의 뜻은 각각 '그가 중국에 왔으니까 우리에게 전화할 거야', '그가 정말 너를 사랑하니까 내일 너의 청혼을 거절하지 못할 것이다.'가 되어, 문장은 비사실 조건문이 아닌 일반적 인과

관계로 이해될 가능성이 있다.

4.3.2.3. 반사실 조건

반사실 조건은 과거나 현재의 사실과 반대되는 사건 또는 일반적인
사실과 반대되는 내용이다. 중국어에서 반사실 조건에 해당하는 표현은
다음과 같다.

(91) a. 이 몸이 새<u>라면</u> 너에게 날아갈 텐데.
　　　b. 만일 이 몸이 새<u>라면</u> 너에게 날아갈 텐데.
　　　a'. *我是鸟儿,飞向你。
　　　b'. <u>如果</u>我是鸟儿, 我<u>就</u>会飞向你。

(92) a. 아까 우리가 택시를 탔<u>으면</u> 벌써 도착했을 거야.
　　　b. 만일 아까 우리가 택시를 탔<u>으면</u> 벌써 도착했을 거야.
　　　a'. *刚才我们坐出租车, 现在已经到了。
　　　b'. <u>假如</u>刚才我们坐出租车<u>的话</u>, 现在已经到了。

위의 예문 (91a)의 내용은 실현성이 전혀 없는 거짓 진술이다. 예문
(92a), 는 과거에 발생한 일에 대해 기성사실과 반대된 반사실 조건이다.
이런 문장에 해당하는 중국어 표현에서 '如果', '假如', '要是'와 같은 가
설 조건관계 명시적 논리 연결 표지를 사용해야 한다. 만약 명시적 논리
연결 표지를 사용하지 않으면 (91a')와 같은 내용이 실현성이 전혀 없는
문장은 비문이 되고 (92a')와 같은 실현성이 있는 문장은 조건관계의 의
미가 아니라 '아까 우리가 택시를 타서 지금 벌써 도착하였다.'와 같은
인과관계의 의미를 지니게 된다.

4.4. 이 장의 요약

본장에서는 한국어의 조건·결과 접속문을 해당 중국어 표현과 대조하였고 중국어의 조건관계 접속문에 대해서도 자세히 서술하였다. 본장의 결론은 [표 11], [표 12]와 같이 정리할 수 있다.[20]

[표 11] 한국어 조건·결과 접속문과 해당 중국어 표현

한국어 접속 관계		대표 한국어 접속어미	해당 중국어 관련사	해당 중국어 접속 관계	비명시적 논리연결
사　실	개별 사실	-면, -거든, -ㄹ진대	旣然, 旣然……就, 旣然……那么	(推論)因果關係	○
	반복적· 습관적 사실	-면	一……就, 只要……就	(一般)條件關係	○
		-아야	只有……才, 除非……才		
	일반 사실	-면	×	主述關係	×
비사실	과거 / 미래	-면, -거든	如果, 假定, 假如, 假使, 假若, 假設, 倘若, 倘使, 倘或, 若, 要是, 的話	(假設)條件關係	×
		-아야	只有……才, 除非……才		
반사실	과거 / 현재 / 미래	-면	如果, 假定, 假如, 假使, 假若, 假設, 倘若, 倘使, 倘或, 若, 要是, 的話	(假設)條件關係	×
		-아야	只有……才, 除非……才		

---

20) 명시적 논리 연결이 가능하거나 비명시적 논리 연결이 가능할 경우에 '○'로, 불가능할 경우에 '×'로 표시한다.

[표 12] 중국어 조건관계 접속문과 해당 한국어 표현

중국어 접속 관계	대표 중국어 관련사	해당한국어 접속어미	해당 한국어 접속 관계	비명시적 논리연결
（一般） 條件關係	一……就, 只要……就 只有……才, 除非……才	-면, -아야	반복적·습관 적 사실 조건	○
（假設） 條件關係	如果, 假定, 假如, 假使, 假若, 假設, 倘若, 倘使, 倘或, 若, 要是, 的話	-면, -거든	비사실 조건	×
	只有……才, 除非……才	-아야		
	如果, 假定, 假如, 假使, 假若, 假設, 倘若, 倘使, 倘或, 若, 要 是, 的話	-면	반사실 조건	×
	只有……才, 除非……才	-아야		
	的話	-다가	전환	○
無條件關係	无論……都	-든지…-든지	선택	×
	不管……都	-아도	양보·결과	

 [표 11]에서 보듯이 한국어 조건·결과 접속문의 선행절은 개별사실
인 경우, '旣然', '旣然……就', '旣然……那么' 등 추론 인과관계를 나타
내는 명시적 논리 연결 표지가 수의적으로 사용되며 반복적·습관적 사
실 조건인 경우, '一……就', '只要……就' 등 조건관계를 나타내는 명시
적 논리 연결 표지가 수의적으로 사용된다. 선행절은 비사실 조건, 반사
실 조건인 경우, '如果', '假定', '假如', '假使', '假若', '假設', '倘若', '倘
使', '倘或', '若', '要是' 등 가설 조건관계를 나타내는 명시적 논리 연결
표지가 필수적으로 사용되며 일반 사실 조건인 경우, 접속구성이 아닌
주술관계가 되어 명시적 논리 연결 표지를 사용하지 못한다.

 [표 12]에서 보듯이 중국어의 조건관계 접속문은 일반 조건관계, 가설
조건관계와 무조건관계로 나눌 수 있다. 중국어의 일반 조건 접속문은

한국어의 반복적·습관적 사실 조건을 나타내는 접속문에 해당되며 중국어의 가설 조건 접속문은 경우에 따라 한국어의 비사실 조건과 반사실 조건 접속문, 전환관계 접속문에 해당된다. 중국어의 무조건관계 접속문은 경우에 따라 한국어의 선택관계, 양보·결과 관계 접속문에 해당된다.

제5장

한국어 양보·결과 접속문과 해당 중국어 구문

양보·결과 접속문은 후행절 내용이 선행절에 의해서 예상되는 내용에 어긋나는 접속문을 말한다. 한국어의 양보·결과 접속어미는 '-아도', '-더라도', '-ㄹ지라도', '-ㄴ들', '-ㄹ지언정', '-ㄹ망정' 등이 있다. 이 중에서 '-아도', '-더라도'와 '-ㄹ지라도', '-ㄹ지언정'과 '-ㄹ망정'의 의미기능이 비슷하므로 이들을 비교하면서 다루기로 한다.

5.1. 한국어 양보·결과 접속문의 특성[1)

5.1.1. 양보·결과 어미의 의미기능

5.1.1.1. '-아도', '-더라도'와 '-ㄹ지라도'

(1) '-아도'

'-아도'는 다음과 같은 몇 가지 용법이 있다.

---

1) 윤평현(2005) 참조.

① 일종의 상황을 가정하는 양보·결과를 나타낸다.

앞선 행위나 상태의 실현 여부와 관계없이 반드시 뒤의 일이 실현됨을 나타낸다. 이때 선행절의 행위나 상태는 긍정적인 것일 수도 있고 부정적인 것일 수도 있다.

(1) a. 이 은혜는 죽<u>어도</u> 잊지 않겠어요.
　　b. 내가 졸업<u>해도</u> 동아리에 자주 놀러올 것이다.

위의 예문 (1a)의 선행절은 부정적인 가정을 하고 (1b)의 선행절은 긍정적 혹은 중립적인 가정을 한다.

② 모든 상황을 가정하는 양보·결과를 나타낸다.

(2) 그는 어떤 요리를 <u>해도</u> 맛있게 만들 수 있다.

③ 반복적· 습관적 사실 조건을 나타낸다.

(3) 그때 일을 생각만 <u>해도</u> 소름이 끼친다.

④ 충분 조건을 나타낸다.

(4) 이렇게 말만 들<u>어도</u> 분명 근로자한테 유리한 근무제도이다.

⑤ 차선적인 선택을 나타낸다.

(5) 나는 잠을 못 <u>자도</u> 이 소설책을 다 읽겠다.

(2) '−더라도'

'−더라도'는 다음과 같은 몇 가지 용법이 있다.

① 일종의 상황을 가정하는 양보·결과를 나타낸다.

    (6) a. 실패하<u>더라도</u> 나는 포기하지 않는다.
       b. 피곤하<u>더라도</u> 할 일은 제대로 해라.

위의 예문의 선행절은 일종의 상황이 실현되는 것을 가정하는 양보·결과 접속문이다. 이런 경우는 선행절에 주로 부정적인 가정을 한다.

② 모든 상황을 가정하는 양보·결과를 나타낸다.

    (7) a. 아무리 늦<u>더라도</u> 그는 서두르는 법이 없다.
       b. 철수는 뭘 하<u>더라도</u> 열심히 한다.

위의 예문의 선행절은 모든 상황이 실현되는 것을 가정하는 양보·결과 접속문이다. 이런 경우에는 선행절에 설정한 상황이 긍정적인 가치 판단일 수도 있고 부정적인 가치 판단일 수도 있다.

(3) '−ㄹ지라도'

① 어떤 상황을 제시하거나 가정하면서 그것과 반대된 상황, 혹은 그것에 구애받지 않는 상황을 제시할 때 사용한다. 후행절의 내용을 강조

하는 기능이 있다.

    (8) a. 영이가 얼굴은 예쁠지라도 마음은 곱지 않군.
       b. 그녀가 떠났을지라도 섭섭하게 생각하지 마라.

② 모든 상황을 가정하는 양보·결과를 나타낸다.

    (9) 메카가 아무리 멀지라도 무슬림에게는 꼭 한 번 가고 싶은 곳이다.

(4) '-아도', '-더라도'와 '-ㄹ지라도'의 의미 비교

    (10) a. 나는 백화점에 가도 물건은 안 산다.
       b. 그는 백화점에 가더라도 물건은 안 산다.

    (11) 방학 때 집에 올지라도 삼일 밖에 있지 못할 것이다.

위의 예문에서 (10a)는 비사실이나 사실 조건에 모두 사용될 수 있다. 사실 조건에 쓰인 경우, 사실을 비사실처럼 가정하여 표현하는 것이다. (10b)는 주로 실현성이 적은 비사실 조건에 쓰인다. 예문 (11)은 방학 때 집에 오면 좀 오래 있을 수 있다는 화자의 예측과 다를 경우에 사용하는 문장이다. 대체적으로 '-아도'는 선행절 내용이 실현 가능성이 있을 때 쓰이고, '-더라도'는 선행절 내용이 실현 가능성이 거의 없거나 실현성을 고려하지 않는 경우에 쓰이며 '-아도'보다 강한 가정 의미를 가진다. '-ㄹ지라도'는 예상 밖의 일이 일어나는 데서 생기는 가벼운 놀라움의 뜻을 나타내므로 '-더라도'보다 더 강한 가정 의미를 나타낸다.

(12) a. 남자는 좀 뚱뚱해도 / 뚱뚱하더라도 / 뚱뚱할지라도 무방하다.

b. 화장품을 너무 많이 써도 / *쓰더라도 / *쓸지라도 피부에 좋지
않다.

(13) a. 손님이 많이 와도 / 오더라도 / 올지라도 나에게 나쁘지 않다.

b. 칭찬을 많이 들어도 / *듣더라도 / *들지라도 아이에게 나쁘다.

위의 예문을 보면 후행절의 형식이 긍정문인지 부정문인지와 상관없
이 내용상 긍정적인 가치 판단이 오면 '-아도', '-더라도', '-르지라도'
를 모두 사용할 수 있지만 부정적인 가치 판단이 오면 '-아도'만 사용되
고 '-더라도', '-르지라도'를 사용할 수 없다.

윤평현(2005)에서는 아래 예문을 관용어구로 보고 관용어구는 화자의
관용적 쓰임에 의해 굳어진 것이기 때문에 다른 접속어미로 교체하면
자연스럽지 않다고 한다.

(14) 그 일은 생각만 해도 / *하더라도 / *할지라도 아찔하다.

(15) 고개만 들어도 / ?들더라도 / *들지라도 보이는 곳이다.

5.1.1.2. '-ㄴ들'

어떤 경우를 가정하거나 어떤 상황을 인정해도 그 결과가 예상과 다
른 내용임을 나타낸다. '-ㄴ들'은 주로 부정적인 후행절과 호응한다. 선
행절의 행위가 바라는 성과를 거두지 못하고 후행절에서 부정적인 뜻을
강조한다.

(16) a. 그가 <u>온들</u> 이 문제를 해결하지 못할 것이다.

b. 바다가 <u>넓은들</u> 어머니의 사랑보다 넓겠습니까?

위의 예문 (16a)의 선행절에 '그가 온다.'라는 것을 가정하였다. '그가 오면 문제를 해결할 수 있다.'라는 바람과 달리, 후행절에서 '문제를 해결하지 못한다.'라는 부정적인 결과가 나타나 '문제는 해결하기가 어렵다.'의 의미를 강조한다. (16b)의 선행절 '바다가 넓다.'는 주지의 사실이다. 후행절에서 '바다'와 '어머니의 사랑'을 비교하고 수사 의문을 통해 '어머니의 사랑이 바다보다 더 넓다.'의 결론을 전하려고 한다.

5.1.1.3. '-ㄹ지언정'과 '-ㄹ망정'

① 선행절에서 부정적이거나 극단적인 상황을 가정하고 후행절에서 이와 대립되는 상황이 나타난다. 일반적으로 선행절에서 가정한 상황을 선호하는 의미를 가진다. '-ㄹ지언정', '-ㄹ망정'에 의해 드러나는 화자의 선호는 화자가 취할 수 있는 최선의 선택이 아니라, 선택하지 않은 다른 명제를 거부하고자 하는 데서 오는 차선적인 선택이다.

(17) <u>굶을지언정</u> / <u>굶을망정</u> 더 이상 구걸은 못 하겠다.

(18) 닭의 머리가 <u>될지언정</u> / <u>될망정</u> 소의 꼬리는 되지 않는다.

② 선행절의 사실을 인정한다고 하더라도 일반적인 생각과는 달리 후행절에서 어떠하다는 사실을 강조할 때 쓴다.

(19) a. 실패했<u>을지언정</u> 그는 떳떳하게 행동했다.

    b. 그 영화는 재미가 없<u>을지언정</u> 나쁜 영화는 아니다.

5.1.2. 양보·결과 접속문의 통사적 특성

① 양보·결과 접속문은 동일 주어 제약이 없다.

(20) 그는 시간이 있<u>어도</u> / 있<u>더라도</u> / <u>있을지라도</u> 널 도와주지 않을 것이다.

(21) 비가 많이 <u>와도</u> / 오<u>더라도</u> / <u>올지라도</u> 홍수가 나지 않을 것이다.

위의 예문 (20)의 선·후행절은 동일 주어를 갖고 있으며 (21)의 선·후행절은 비동일 주어를 갖고 있다. 이와 같이 양보·결과 접속어미는 동일 주어를 필수적으로 요구하지 않는다.

② 양보·결과 접속문은 선행절 서술어의 성격에 제약이 없다.

(22) 나를 알아보지 못<u>해도</u> / 못하<u>더라도</u> / 못<u>할지라도</u> 그를 원망하지 않을 것이다.

(23) 힘들<u>어도</u> 기분이 좋다.

(24) 직장에서는 고관이<u>라도</u> / 고관이<u>더라도</u> / 고관<u>일지라도</u> 집에서는 평범한 주부이다.

위의 예문 (22)의 선·후행절의 서술어는 동사, (23)의 선·후행절의 서술어는 형용사, (24)의 선·후행절의 서술어는 명사에 서술격 조사가 결합한 구성이다. 이와 같이 양보·결과 접속문은 선행절 서술어의 성격에 제약이 없다.

③ 양보·결과 접속어미가 쓰인 대부분 접속문은 문장 종결형 제약이 없지만 '-ㄴ들'로 연결된 접속문은 종결형 제약이 있다.

> (25) a. 마음이 아파도 / 아프더라도 / 아플지라도 울지 않을 것이다.
>   b. 마음이 아파도 / 아프더라도 / 아플지라도 못 울어?
>   c. 마음이 아파도 / 아프더라도 / 아플지라도 울지 마라.
>   d. 마음이 아파도 / 아프더라도 / 아플지라도 울지 말자.

> (26) a. 때려 죽을지언정 / 죽을망정 굴복은 안 한다.
>   b. 때려 죽을지언정 / 죽을망정 굴복을 하겠느냐?
>   c. 때려 죽을지언정 / 죽을망정 굴복을 하지 마라.
>   d. 때려 죽을지언정 / 죽을망정 굴복을 하지 말자.

위의 예문 (25), (26)을 보면 양보·결과 접속어미 '-아도', '-더라도', '-ㄹ지라도', '-ㄹ망정', '-ㄹ지언정'으로 연결된 접속문은 모든 종결형의 문장에 쓰일 수 있다.

> (27) a. 세월이 흘러간들 그때 일이 가슴속에서 잊혀지겠습니까?
>   b. 철수가 온들 이 문제를 해결하지는 못할 것이다.
>   c. *그가 사과한들 용서하겠다.
>   d. *그가 사과한들 용서해라.
>   e. *그가 사과한들 우리가 그를 용서하자.

위의 예문 (27)을 보면 '-ㄴ들'로 연결된 접속문의 뒤 문장에는 강한 추측 표현이나 단정, 강조하기 위한 수사 의문문 형식이 주로 온다.

④ 시상 선어말어미와의 결합에 제약이 있다.

> (28) a. 아팠어도 / 더라도 / 을지라도 학교에 갔을 것이다.
>   b. *아프겠어도 / 더라도 / 을지라도 학교에 갔을 것이다.

> (29) a. 동료가 싫었을지언정 / 을망정 직장까지 안 다닐 수 있을까?
>   b. *동료가 싫겠을지언정 / 을망정 직장까지 안 다닐 수 있을까?

위의 예문 (28), (29)에서 보듯이 '-아도', '-더라도', '-ㄹ지라도', '-ㄹ지언정', '-ㄹ망정'은 '-았-'과 결합될 수 있는데 미래시제를 나타내는 '-겠-'과 결합될 수 없다. 그 원인은 선행절의 사건이 실제로 일어난 것으로 가정할 때 비로소 양보의 의미가 되기 때문이다. 미래가 아니고 '-겠-'이 능력이나 의지를 나타내는 양태표현으로 쓰일 경우에 사용될 수 있다.

> (30) 더 이상 걷지 못하겠어도 / 더라도 / 을지라도 살아남기 위해서 걸어야 한다.

'-ㄴ들'은 선어말어미와 결합될 수 없다.

> (31) a. *그가 왔은들 무슨 소용이 있겠어?
>   b. *그가 오겠은들 무슨 소용이 있겠어?

‘-ㄴ들’은 ‘-았-’과 결합하려면 ‘-았던들’의 형태로 쓰여야 한다.

(32) 그가 있<u>었던들</u> 무슨 소용이 있겠어?

5.1.3. 양보·결과 접속문의 유형

앞에서 개별 양보·결과 접속어미에 대한 분석을 통해서 양보·결과 접속문의 유형을 다음과 같이 정리할 수 있다.

① 일종의 상황을 가정하는 양보·결과를 나타낸다.

(33) 실패하<u>더라도</u> 나는 포기하지 않는다.

(34) 이 은혜는 죽<u>어도</u> 잊지 않겠어요.

(35) 실패했<u>을지언정</u> 그는 떳떳하게 행동했다.

② 모든 상황을 가정하는 양보·결과를 나타낸다.

(36) 그는 어떤 요리를 <u>해도</u> 맛있게 만들 수 있다.

(37) 아무리 늦<u>더라도</u> 그는 서두르는 법이 없다.

③ 반복적·습관적 사실 조건을 나타낸다.

(38) 그때 일을 생각만 <u>해도</u> 소름이 끼친다.

④ 충분적 조건을 나타낸다.

(39) 그 말만 들<u>어도</u> 그 사람은 분명 철수였다.

⑤ 후행절에 예상 결과와 다른 결과가 나오는 비사실 조건을 나타낸다.

(40) 칭찬을 많이 들<u>어도</u> 아이에게 좋지 않다.

(41) 여자가 키가 너무 <u>커도</u> 안 된다.

⑥ 어떤 상황을 제시하거나 가정하면서 그것과 반대의 상황, 혹은 그것에 구애받지 않는 상황을 제시할 때 쓴다. 주로 뒤에 올 내용을 강조한다.

(42) 영이가 얼굴은 예<u>쁠지라도</u> 마음은 곱지 않군.

⑦ 선행절에서 부정적이거나 극단적인 상황을 가정하고 후행절에서 이와 대립되는 상황이 나타난다. 일반적으로 선행절에서 가정한 상황을 선호하는 의미를 가진다.

(43) <u>굶을지언정</u> / <u>굶을망정</u> 더 이상 구걸은 못하겠다.

5.1.4. 양보 · 결과와 조건 · 결과, 대립 접속어미의 구분

5.1.4.1. 양보 · 결과와 조건 · 결과 접속어미의 구분

한국어의 양보 · 결과 접속문은 선행절에서 가정을 하고 후행절에서 결과를 나타내는 점에서 일부 조건·결과 접속문과 공통점이 보인다. 이들의 차이점은 다음과 같다.

(1) 사용하는 접속어미

양보·결과 접속문은 주로 '-아도', '-더라도', '-ㄴ들', '-ㄹ지라도', '-ㄹ지언정', '-ㄹ망정'과 같은 접속어미에 의해 연결되며 조건·결과 접속문은 주로 '-면', '-거든', '-ㄹ진대' 등 접속어미에 의해 연결된다.

(2) 선·후행절의 추론 관계

일부 조건·결과 접속문의 후행절에는 선행절로 인해 추론할 수 있는 결과가 나타나는데 양보·결과 접속문의 후행절에는 상식에 어긋나는 결과가 나타난다.

    (44) a. 약을 먹<u>어서</u> 나아졌다.
         b. 약을 먹<u>어도</u> 나아지지 않는다.

위의 예문 (44a)는 조건·결과 접속문이며 (44b)는 양보·결과 접속문이다. (44b)의 후행절에는 '약을 먹으면 나아진다.'라는 상식에 어긋나는 결과가 나타난다.

(3) 선·후행절의 대립관계

아래 예문 (45)와 같이 일부 양보·결과 접속문의 선·후행절이 대립적인 의미를 나타낸다. 조건·결과 접속문에는 이런 경우가 없다.

(45) 영이가 얼굴은 <u>예쁠지라도</u> 마음은 곱지 않군.

(4) 강조의 강도

반복적·습관적 사실 조건을 나타낼 때 조건·결과 접속어미 '-면'이나 양보·결과 접속어미 '-아도'에 의해 연결된 문장의 뜻이 비슷한데 '-아도'로 연결된 문장은 '-면'으로 연결된 문장보다 강조하는 의미가 더 강하다.

(46) a. 그때 일을 생각만 <u>해도</u> 소름이 끼친다.
　　 b. 그때 일을 생각하<u>면</u> 소름이 끼친다.

(47) a. 그 말만 들<u>어도</u> 그 사람은 분명 철수였다.
　　 b. 그 말을 들<u>으면</u> 그 사람은 분면 철수였다.

5.1.4.2. 양보·결과와 대립 접속어미의 구분

양보·결과 접속어미와 대립 접속어미의 의미 기능의 경계가 불분명하다. 대립관계 접속어미들도 양보의 의미를 나타내고 양보·결과 접속어미들도 대립의 의미를 나타내는 예가 많이 있기 때문이다.[2)]

윤평현(1988)에서는 대립 접속어미와 양보·결과 접속어미의 유사성과 차이점을 고찰하였다. 이들의 유사점은 다음과 같다.

① 선행절 내용을 긍정적으로 수용하면서 후행절 내용에 관여한다.
② 후행절에 선행절과 대립되는 내용이 올 것을 요구한다.

이들의 차이점은 다음과 같다.

① 대립관계 접속어미는 선행절 내용이 사실임을 나타내지만 양보·결과 접속어미는 선행절 내용이 가정임을 나타낸다.3)
② 대립관계 접속어미에 의해 유도된 대립문은 서술적 발화이지만 양보·결과 접속어미에 의해 유도된 양보문은 후행절 내용이 단언인 수행적 발화이다.
③ 보조조사의 쓰임에 대립 접속어미와 양보·결과 접속어미의 차이가 보인다.4)
④ 대립 접속어미는 선·후행절이 대칭적으로 접속하여 대등접속에 속하고 양보·결과 접속어미는 선·후행절이 비대칭적으로 접속하여 종

---

2) 양보·결과 접속어미와 대립 접속어미의 관계를 언급한 논문은 이기동(1977), 임지룡(1985), 전혜영(1989), 윤평현(1988, 1989, 2005) 등이 있다.
이기동(1977)과 임지룡(1985)에서는 대립 접속어미와 양보·결과 접속어미를 구분하지 않고 대립 및 양보의 뜻을 공유하는 접속어미를 함께 취급하고 있다.
전혜영(1989)은 '-아도'는 양보, 대조이나 조건의 의미를 갖는다고 한다. 예 : 1) 그 사람은 죽어도 거짓말을 못한다.(양보) 2) 시간은 많아도 일은 하지 않는다.(대조) 3) 사람은 돈이 너무 많아도 걱정이 많은 법이다.(조건)
3) 양보·결과 접속문 선행절의 내용은 사실이 아니거나 사실 여부에 관여하지 않는 단순한 가정이다.
4) 예 : 1) 철수는 가도, 명수는 안 간다.(대립) 2) 철수가 가도, 명수는 안 간다.(양보)

속접속에 속한다.

⑤ 대립 접속어미는 부정대명사가 선행절에 있으면 쓰일 수 없다. 따라서, 선행절에 부정대명사가 나타나면, 문장을 양보·결과 접속문으로 판정된다.[5]

윤평현(1989, 2005)에서 대립 접속어미와 양보·결과 접속어미를 구별하는 기준을 선행절 내용의 사실성이라고 한다. 선행절이 사실이면 대립 접속어미로, 사실이 아닌 가정이면 양보·결과 접속어미로 본다.[6]

하지만 제4장에서 분석했듯이 사실 상황이라도 비사실처럼 가정 표현을 사용하는 경우가 있다.

    (48) [시험에서 일등을 한 아이에게, 아버지가 말한다.]
        일등을 <u>하더라도</u> 더 노력해야 한다.

위의 예문에서 선행절인 '일등을 하다'는 사실인데 선·후행절이 대조를 이루지 못하고 예문 (48)은 양보·결과 접속문이다. 이를 통해서 알 수 있는 것은 사실성을 기준으로 대립 접속문과 양보·결과 접속문을 구분하는 방법이 적절하지 않다. 필자는 이들을 다음과 같은 방법으로 구분해 본다.

① 대립 접속문의 선·후행절이 대조를 이루는데 양보·결과 접속문은 꼭 그렇지 않다.

---

5) 예 : 1) 누가 보아도 마음에 들 거야.(양보·결과) 2) 영호는 무엇을 하여도 실패할 것이다.(양보·결과)
6) 예 : 1) 아파도 참았다.(대립) 2) 아파도 참겠다.(양보·결과)

(49) a. 슬퍼도 울지 않았다.
      b. 바쁘더라도 매일 아이를 가르친다.
      c. 아내가 붙잡아도 남편은 떠날 것이다.

위의 예문 (49a)의 선·후행절이 대조를 이루는데 (49b), (49c)는 뚜렷한 대조를 이루지 않는다. (49a)는 대립 접속문이며 (49b), (49c)는 양보·결과 접속문이다.

② 대립 접속문의 선·후행절이 사실인데 양보·결과 접속문은 꼭 그렇지 않다.

(50) a. 돈이 있어도 쓰지 않는다.
      b. 철수가 간들 영희가 오겠는가?

위의 예문 (50a)의 선·후행절은 대조 의미가 있다. 선·후행절이 사실이면 대립 접속문으로 볼 수 있으며 선행절이 사실이 아닌 가정이면 양보·결과 접속문으로 볼 수 있다. (50b)의 선행절은 가정이어서 (50b)를 양보·결과 접속문으로 본다.

③ 대부분 대립 접속문의 선·후행절이 비슷한 구조를 갖고 있으며 대조적인 의미를 갖고 있다.

(51) a. 아내가 허락해도 남편이 허락하지 않을 것이다.
      b. 친엄마가 때릴 수 있어도 계모가 때릴 수 없다.

위의 예문 (51a)와 (51b)의 선·후행절이 똑같은 주술 구조를 갖고 있으며 의미가 대조적이다. 이들은 대립 접속문이다.

④ 선행절에 가정이나 정도를 나타내는 부사가 나타나면 대립이 아닌 양보·결과 접속문으로 본다.

> (52) a. <u>비록</u> 실패하<u>더라도</u> 나는 포기하지 않는다.
>   b. <u>아무리</u> 늦<u>어도</u> 그는 서두르는 법이 없다.

위의 예문에서 '비록'은 가정을 나타내고 '아무리'는 정도를 나타낸다. 예문 (52)는 양보·결과 접속문이다.

위의 분석에서 보듯이 양보·결과 접속문은 선행절에 어떤 상황을 가정하고 후행절에 화자와 청자가 공동으로 인식하는 일반적인 예상과 다른 결과이나 일반 사리에 위배하는 결과가 나온다. 일부 양보·결과 접속문의 선·후행절이 대조적인 의미를 가지는데 모든 양보·결과 접속문은 그렇지 않다. 대립 접속문의 선·후행절이 대조적인 의미를 가지는데 선행절이 반드시 가정을 하는 것은 아니다. 양보·결과와 대립 접속문을 판단하기가 어려운 경우, 필자는 선·후행절이 뚜렷한 대조를 이루며 사실성이 강한 접속문을 대립 접속문으로 보고 나머지는 선·후행절의 사실성, 대조를 이루는지와 관계없이 양보·결과 접속문으로 본다.

5.2. 한국어 양보·결과 접속문과 중국어 표현 대조

중국어에는 한국어의 양보·결과 접속문과 명칭이나 범주가 비슷한 접속문 분류가 존재하지 않는다.[7] 한국어의 양보·결과 접속문은 중국어에서 '即使……也', '哪怕……也', '就算……也 / 都', '即便……也', '虽然……也', '如果……也', '宁可……也' 등 관련사로 연결된 접속문으로 표현할 수 있다. 이런 접속문 중의 일부분은 선택관계, 일부분은 전환관계, 일부분은 조건관계 접속문에 속한다. 한국어 양보·결과 접속문과의 대조를 통해서 이들의 용법을 파악하고자 한다.

5.2.1. 양보·결과 접속문과 해당 중국어 표현

'-아도'로 연결된 양보·결과 접속문은 중국어에서 '即使……也', '虽然……也' 등과 같은 관련사로 연결될 수 있다. '即使……也'는 한국어의 양보·결과를 나타내는 대표적인 관련사이다. '-ㄹ지라도'로 연결된 접속문은 중국어에서 '即使……也'로 연결될 수 있는데 '虽然……也'로 연결될 수 없다. '即使……也'와 '虽然……也'의 차이는 아래 예문을 통해서 알아볼 수 있다.

    (53) a. 그 사람을 <u>봤어도</u> 이야기를 안 했다.
        b. <u>虽然</u>看到了那个人，<u>也</u>没和他说话。
        c. <u>即使</u>看到了那个人，<u>也</u>没和他说话。

---

7) 중국어 접속 관계의 하위분류에서 '讓步' 관계가 존재하지 않는다.

(54) a. 비록 바람이 <u>거셀지라도</u> 배는 떠난다.

　　 b. <u>即使</u>风再大，船<u>也</u>要出港。

　　 c. *<u>虽然</u>风再大，船<u>也</u>要出港。

위의 예문 (53), (54)에서 보듯이 접속문의 선행절은 기성사실인 경우, '即使……也'와 '虽然……也'를 모두 사용할 수 있는데 접속문의 선행절은 비사실인 경우에 '虽然……也'를 사용하지 못하고 '即使……也'만 사용할 수 있다.

'-더라도', '-ㄹ지라도', '-ㄴ들' 등으로 연결된 접속문의 선행절은 비사실이거나 반사실인 경우가 많다. 이런 문장에 해당하는 중국어 문장에서 '即使……也', '就算……也', '哪怕……也' 등과 같은 관련사가 많이 쓰인다. '就算……也'는 '…라고 치다'의 의미가 있다. '就算……也'는 '即使……也'와 의미가 비슷한데 주로 구어에서 사용한다. '哪怕……也'는 주로 부정적인 가정을 할 때 사용한다.

(55) a. 실패하<u>더라도</u> 나는 포기하지 않는다.

　　 b. <u>哪怕</u>失败了，我<u>也</u>不会放弃的。

(56) a. 그이는 다시 태어날<u>지라도</u> 이 일을 할 것이다.

　　 b. <u>即使</u>再让他活一次，他<u>也</u>会做这件事。

(57) a. 네가 거기에 <u>간들</u>, 아무 소용이 없다.

　　 b. <u>即使</u>你去那里，<u>也</u>没有什么用。

(58) a. 사람이 좀 불친절<u>한들</u> 너를 해치겠어요?

　　 b. <u>就算</u>人不热情，还能害你啊?

아래 예문 (59)에서 보듯이 의미가 부정적이나 지나친 정도를 나타내는 접속문에 해당하는 중국어 문장에서 일반적으로 관련사 '即使……也'를 사용하지 않고 '如果……也'를 사용한다. 지나친 정도를 나타내는 부사 '太(너무)'도 같이 쓰인다. 예문 (60), (61)에서 보듯이 선·후행절 술어가 같은 경우, 해당하는 중국어 표현은 '即使……也'를 사용하지 못하고 '동사 / 형용사＋也太＋동사 / 형용사'의 고정적인 구조로 표현할 수 있다.

> (59) a. 화장품을 너무 많이 <u>써도</u> 피부에 좋지 않다.
>   a'. 化妆品(<u>如果</u>)用的太多对皮肤<u>也</u>不好。
>   a". *化妆品(<u>即使</u>)用的太多对皮肤<u>也</u>不好。
>   b. 칭찬을 많이 들<u>어도</u> 아이에게 나쁘다.
>   b'. 赞扬(<u>如果</u>)听的太多, 对孩子<u>也</u>不利。
>   b'. *赞扬(<u>即使</u>)听的太多, 对孩子<u>也</u>不利。

> (60) a. 얼굴이 못생겼<u>어도</u> 너무 못생겼다.
>   b. <u>要说</u>长的丑吧, <u>也太</u>丑了。 / 长得<u>也太</u>丑了。

> (61) a. 바람이 불<u>어도</u> 몹시 분다.
>   b. 风刮得<u>也太</u>大了。

'-아도', '-더라도' 등은 화자가 취할 수 있는 최선의 선택이 아니라, 선택하지 않은 다른 명제를 거부하고자 하는 데서 오는 차선적인 선택의 의미로 쓰일 수 있다. 이런 경우에 해당 중국어 접속문은 관련사 '宁可……也 / 也不'로 연결된다. 중국어에서 이를 양보적 선택관계 관련사로 본다.

(62) a. 엄마는 자기는 적게 먹<u>어도</u> 자식은 꼭 배부르게 먹인다.

　　 b. 妈妈<u>宁可</u>自己少吃一点儿, <u>也</u>要让孩子吃饱。

(63) a. 혼자 가<u>더라도</u> 그와 함께 가고 싶지 않다.

　　 b. 我<u>宁可</u>自己去, <u>也</u>不想和他一起去。

'아무리…–아도 / –더라도'로 연결된 접속문은 몇 가지 방법으로 번역
할 수 있다.

① 선·후행절 술어의 관계가 밀접하고 중국어로 번역할 때 같은 동
사로 표현할 수 있으면 접속문을 '怎么……也'로 연결되는 조건관계 긴
축문으로 나타낼 수 있다.

(64) a. <u>怎么</u>想<u>也</u>想不起来。

　　 b. <u>아무리</u> 생각해<u>봐도</u> 생각이 안 난다.

(65) a. <u>怎么</u>找<u>也</u>找不到。

　　 b. <u>아무리</u> 뒤져도 찾지 못했다.

(66) a. <u>怎么</u>吃<u>也</u>吃不胖。

　　 b. <u>아무리</u> 먹<u>어도</u> 뚱뚱해지지 않는다.

② '(即使)再……也'로 연결되는 접속문으로 나타낼 수 있다.

(67) a. <u>아무리</u> 부자<u>라도</u> 빈손으로 세상을 떠나야 한다.

　　 b. <u>(即使)</u>再富有的人, <u>也</u>得两手空空离开这个世界。

(68) a. 내가 <u>아무리</u> 뚱뚱<u>해도</u> 너보다는 안 뚱뚱하다.
    b. 我(<u>即使</u>)再胖, <u>也</u>赶不上你。

(69) a. <u>아무리</u> 똑똑한 사람이<u>더라도</u> 공부해야 유식한 사람이 된다.
    b. (<u>即使</u>)再聪明的人, <u>也</u>必须学习才能成为有识之士。

(70) a. <u>아무리</u> 늦<u>더라도</u> 그는 서두르는 법이 없다.
    b. (<u>即使</u>)再晚, 他<u>也</u>不会着急。

(71) a. 일이 <u>아무리</u> 바빠<u>도</u> 그는 매일 한 시간씩 운동을 한다.
    b. (<u>即使</u>)工作再忙, 他<u>也</u>每天运动一个小时。

③ '无论 / 不管……都'로 연결되는 접속문으로 나타낼 수 있다.

(72) a. 이젠 그가 어떤 말을 <u>해도</u> 난 믿지 못할 거야.
    b. 现在<u>无论</u>他说什么, 我<u>都</u>不信了。

(73) a. 철수는 뭘 하<u>더라도</u> 열심히 한다.
    b. 哲洙<u>无论</u>做什么, <u>都</u>认真去做。

(74) a. 일이 <u>아무리</u> 바빠<u>도</u> 그는 매일 한 시간씩 운동을 한다.
    b. <u>不管</u>工作多么忙, 他<u>都</u>每天运动一个小时。

④ '一……就'로 연결되는 접속문으로 나타낼 수 있다.

(75) a. 그때 일을 생각만 <u>해도</u> 소름이 끼친다.
    b. <u>一</u>想起那时的事, <u>就</u>觉得不寒而栗。

⑤ '只要……就'로 연결되는 접속문으로 나타낼 수 있다.

    (76) a. 목소리만 들어도 그 사람은 분명 철수였다.
         b. 只要听声音就知道那个人一定是哲洙。

'-ㄹ지언정'과 '-ㄹ망정'은 선행절의 사실을 인정한다고 하더라도 일반적인 생각과는 달리 후행절에서 어떠하다는 사실을 강조할 때 쓰이며 해당 중국어 표현에서 '即使……也' 등으로 나타낸다.

    (77) a. 실패했을지언정 그는 의기소침하지 않았다.
         b. 即使失败了, 他也没有灰心。

    (78) a. 그 영화는 재미가 없을지언정 나쁜 영화는 아니다.
         b. 那部电影即便是没意思, 也不能说不好。

'-ㄹ지언정'과 '-ㄹ망정'도 화자가 취할 수 있는 최선의 선택이 아니라, 선택하지 않은 다른 명제를 거부하고자 하는 데서 오는 차선적인 선택의 의미로 쓰일 수 있다. 이런 경우에 해당 중국어 접속문에서 '宁可…也 / 也不'로 표현한다.

    (79) a. 닭의 머리가 될지언정 소의 꼬리는 되지 않는다.
         b. 宁当鸡头, 不当牛尾。[8]

---

8) 예문 (79b)는 (79a)에 대한 직역이다. (79a)는 한국어의 속어인데 중국어에서도 이와 형태, 의미가 비슷한 속어가 있다. 즉 1) 宁当兵头, 不当将尾。(병사의 대장이 될지언정 장관 항렬의 직위가 제일 낮은 자는 되지 않는다.) 2) 宁当鸡头, 不当凤尾。(닭의 머리가 될지언정 봉황의 꼬리는 되지 않는다.) (79a)를 1), 2)처럼 의역할 수도 있다.

(80) a. 남의 노여움을 <u>살망정</u> 거짓말을 안 한다.

　　 b. <u>宁可</u>得罪别人, <u>也不</u>说假话。

5.2.2. 중국어 구문의 접속 표지 생략 현상

　양보·결과 접속문은 사실, 비사실, 반사실 선행절을 가질 수 있다. 접속문의 시제는 현재시이며 선·후행절에 기타 시상을 나타낼 수 있는 형태표지가 없는 경우, 문맥이나 발화 배경이 주어지지 않으면, 선행절의 사실성 여부를 판정하기가 어렵다. 이런 문장에 해당하는 중국어 문장에도 같은 문제가 존재한다.

(81) a. 내가 애를 <u>권해도</u> 말을 듣지 않는다.

　　 b. 我劝他, 他不听。

　　 c. <u>虽然</u>我劝他, <u>但是</u>他不听。(사실)

　　 d. <u>即使</u>我劝他, 他<u>也</u>不听。(사실, 비사실)

(82) a. 비가 <u>와도</u> 갈거야.

　　 b. 下雨<u>也</u>去。

　　 c. <u>虽然</u>下雨, <u>我也</u>要去。(사실)

　　 d. <u>就算</u>下雨, 我<u>也</u>要去。(비사실)

(83) a. 이번에는 <u>울어도</u> 소용없다.

　　 b. 这次你哭<u>也</u>没用。

　　 c. <u>虽然</u>这次你哭, 但是<u>也</u>没有用。

　　　 (뭘 잘못해서 울고 있는 아이에게 : 사실)

　　 d. <u>即使</u>这次你哭, <u>也</u>没有用。

　　　 (울상을 지은 아이에게 : 비사실)

위의 예문 (81a), (82a), (83a)의 선행절은 기성사실 여부를 알 수 없다. 이들에 해당하는 중국어 문장 (81b), (82b), (83b)도 마찬가지다. 선행절의 사실성을 강조하려면 (81c), (82c), (83c)와 같이 관련사 '虽然……但是／也'를 추가 사용하면 된다. '即使／就算……也'는 기성사실, 비사실과 반사실에 모두 사용될 수 있어 접속문의 사실성 여부의 판단에 큰 도움이 되지 않는다.

중국어에서 접속표지가 나타나지 않는 문장은 사실성이 명확하지 않지만 구어에서 이런 문장이 많이 쓰인다. 특히 예문 (83)과 같이 어른이 아이에게 직접 말하는 경우에 거의 (83b)와 같은 표현만 사용하고 (83c), (83d)를 사용하지 않는다.

접속문에서 시상표현이 나타나거나 선행절의 사실성 여부를 판정할 수 있는 기타 수단이 나타나면 해당 중국어 문장에서 관련사를 생략해도 된다.

(84) a. 그 사람을 봤<u>어도</u> 이야기를 안 했다.

    b. (<u>虽然</u>)看到了那个人，<u>也</u>没和他说话。

    c. (<u>即使</u>)看到了那个人，<u>也</u>没和他说话。

(85) a. 비록 바람이 거<u>셀지라도</u> 배는 떠난다.

    b. (<u>即使</u>)风再大，船<u>也</u>要出港。

    c. *<u>虽然</u>风再大，船<u>也</u>要出港。

(86) a. 선인이 오<u>더라도</u> 너를 도와줄 수 없을 거야.

    b. (<u>即使</u>)神仙来了，<u>也</u>帮不了你。

(87) a. 실패하<u>더라도</u> 나는 포기하지 않는다.

    b. <u>哪怕</u>失败了，我<u>也</u>不会放弃的。

위의 예문 (84a)는 기성사실이며 (84b), (84c)와 같이 표현할 수 있다. (84b), (84c)에서 과거완료를 나타내는 '了', '没'이 있기 때문에 선행절의 관련사 '虽然', '即使'를 생략할 수 있다. 예문 (85a)는 비사실이기 때문에 해당 중국어 문장은 (85b)와 같이 '即使……也'로 연결될 수 있지만 (85c)와 같이 '虽然……也'로 연결될 수 없다. (85b)의 선행절의 부사 '再'가 선행절의 비사실성을 나타낼 수 있어 선행절의 관련사 '即使'를 생략할 수 있다. 예문 (86a)의 선행절은 반사실이기 때문에 (86b)의 관련사 '即使'를 생략할 수 있다. 예문 (87a)의 선행절은 아직 발생하지 않는 사건에 대한 가정이며 해당 중국어 문장 (87b)에 나타난 '了'가 과거시제로 오인될 가능성이 있어 (87b)의 관련사 '哪怕'를 생략할 수 없다. 즉 관련사를 생략하면 선행절이 사실로 이해되고 접속문의 의미변화가 생길 수 있는 경우, 관련사를 생략할 수 없다.

한국어의 양보·결과 접속문에 해당하는 중국어 문장 중에 '宁可……也 / 也不'로 연결되는 선택관계 접속문에서 일반적으로 관련사를 생략하지 않는다.

> (88) a. 그는 굶어죽<u>어도</u> 남의 도움을 받지 않는다.
> b. 他<u>宁可</u>饿死, <u>也</u>不接受别人的帮助。

위의 예문 (88)에서 '宁可'가 차선적인 선택의 의미를 잘 나타낸다. '宁可'가 없으면 선행절이 기성사실로 간주되어 문장이 전환관계 접속문으로 볼 수 있다.

한국어의 양보·결과 접속문에 해당하는 중국어 문장 중에 '不管……都'로 연결되는 조건관계 접속문에서 선행절의 관련사 '不管'이 생략될 수 있다.

(89) a. 일이 <u>아무리</u> 바<u>빠도</u> 그는 매일 한 시간씩 운동을 한다.
     b. (<u>不管</u>)工作多么忙，他<u>都</u>每天运动一个小时。

위의 예문 (89)에서 보듯이 '多么'가 '不管……都'와 같이 쓰이며 '아무리 ……-아도'의 의미를 나타낸다. 이런 접속문에서 선행절의 관련사 '不管'은 생략해도 되지만 후행절의 관련사 '都'는 같이 생략될 수 없다. '都'가 생략되면 선행절의 '多么'가 '얼마나 어떠냐?'의 의미로 해석되어 문장이 비문이 된다.

또한 한국어의 양보·결과 접속문에 해당하는 중국어 관용어 등에서 관련사를 사용하지 않는 경우가 많다.

(90) a. 打死也不承认。
        (때려 죽<u>어도</u> 잘못을 시인하지 않는다.)
     b. 死不认账
        (죽<u>어도</u> 인정하지 않는다. / 오리발을 내밀다)
     c. 战死不降
        (싸워서 죽<u>어도</u> 적에게 항복하지 않는다.)
     d. 饿死不食嗟来之食。[9]
        (굶어 죽<u>어도</u> '옛다' 하며 무례한 태도로 던져 주는 음식을 먹지 않는다.)
     e. 狼披羊皮还是狼。
        (늑대는 양가죽을 <u>쓰더라도</u> 늑대이다.)

---

9) '모욕적인 베풂을 받아들이지 않는다.'라는 뜻이다.

5.2.3. 중국어 구문의 통사적 특성

① 양보·결과 접속문은 동일 주어 제약이 없으며 해당 중국어 구문
도 동일 주어 제약이 없다.

> (91) a. 그는 시간이 있<u>어도</u> / 있<u>더라도</u> / 있<u>을지라도</u> 널 도와주지 않을
>   것이다.
>   b. 他<u>即使</u>有时间, <u>也</u>不会帮你的。

> (92) a. 비가 많이 <u>와도</u> / <u>오더라도</u> / <u>올지라도</u> 홍수가 나지 않을 것이다.
>   b. <u>即使</u>雨下得很大, <u>也</u>不会发洪水。

위의 예문 (91), (92)에서 보듯이 양보·결과 접속문에 해당하는 중국
어 문장은 동일 주어를 필수적으로 요구하지 않는다.

② 양보·결과 접속문은 선행절 서술어의 성격에 제약이 없으며 해당
중국어 번역문도 그렇다.

> (93) a. 나를 알아보지 못<u>해도</u> / 못하<u>더라도</u> / 못<u>할지라도</u> 그를 원망하지
>   않을 것이다.
>   b. <u>即使</u>他认不出我, 我<u>也</u>不会埋怨他。

> (94) a. 힘들<u>어도</u> 기분이 좋다.
>   b. <u>即便</u>累<u>也</u>高兴。

> (95) a. 직장에서는 고관이<u>라도</u> / 고관이<u>더라도</u> / 고관<u>일지라도</u> 집에서는
>   평범한 주부이다.
>   b. <u>即使</u>做了高官, 她在家里<u>也</u>是平凡的主妇。

위의 예문을 보면 한국어의 양보·결과 접속문에 해당하는 중국어 문장의 선행절에 동사구나 형용사구가 나타날 수 있다.

③ 한국어의 양보·결과 접속문은 접속어미에 따라 문장 종결형 제약이 있으나 해당 중국어 표현은 그렇지 않다.

5.1.에서 분석했듯이 대부분의 양보·결과 접속어미가 모든 종결형의 문장에 쓰일 수 있지만 '-ㄴ들'은 수사의문문에만 쓰인다. 이에 반하여 해당 중국어 접속문에서 사용하는 관련사가 모두 종결형 제약이 없다.

④ 양보·결과 접속문의 시상 선어말어미는 해당 중국어 문장에서 양태표현이나 동사로 나타낸다.

(96) a. 아팠<u>어도</u> 학교에 갔을 것이다.
　　 b. <u>即使</u>身体不舒服, 他<u>也</u>一定去学校了。

(97) a. 동료가 미웠<u>을지언정</u> 직장까지 안 다닐 수 있을까?
　　 b. <u>即便</u>他不喜欢同事, 他会因此不上班?

(98) a. 더 이상 걷지 못하겠<u>더라도</u> 살아남기 위해서 걸어야 한다.
　　 b. <u>即使</u>觉得再也走不动了, 为了活下去也得継续走。

위의 예문 (96), (97)에서 보듯이 양보·결과 접속문에서 과거시제 선어말어미 '-았-'의 사용은 해당 중국어 문장에 뚜렷한 영향을 주지 않는다. (98)에서의 '-겠-'은 능력이나 의지를 나타내는 양태표현이며 해당 중국어 문장에서 '-겠-'은 '觉得', '认为' 등 동사로 표현할 수 있다.

5.3. 이 장의 요약

한국어의 양보·결과 접속문에 해당하는 중국어 표현은 여러 가지 관련사를 사용하며 여러 가지 접속 관계에 속한다. 본장의 결론은 [표 13]과 같이 정리할 수 있다.

[표 13] 한국어 양보·결과 접속문과 해당 중국어 표현

양보·결과 접속문의 선행절 역할			대표 한국어 접속어미	해당 중국어 관련사	해당 중국어 접속 관계	비명시적 논리연결
조건	사실	반복적·습관적 사실	(만)…—아도	一……就	(習慣) 條件關係	○
		충분적 조건	(만)…—아도	只要……就	(充分) 條件關係	○
		개별 사실	-아도	雖然……也 雖然……但是	轉換關係	○
	사실성 비관여	일종의 상황	-아도, -ㄴ들, -더라도, -ㄹ지라도	卽使……也 哪怕……也 就算……也 如果(太)……也	(讓步) 條件關係	×
		모든 상황	(아무리) …—아도 (아무리) …—더라도	无論……都 不管……都 卽使(再)……也 怎么……也	(無條件) 條件關係	○
선택	사실성 비관여	차선적 선택	-아도, -ㄹ지언정, -ㄹ망정	宁可……也 宁可……也不	(讓步) 選擇關係	×

위의 [표 13]에서 보듯이 한국어 양보·결과 접속문의 선행절이 조건과 선택의 의미를 나타낼 수 있으며 사실이어야 할 경우도 있고 사실 여부가 문장에 영향을 주지 않는 경우도 있다. 선행절은 사실인 경우, 반복적·습관적 사실, 충분적 조건과 개별 사실로 나눌 수 있고 각 용법에 해당하는 중국어 문장이 서로 다른 관련사를 사용하며 서로 다른 접속 관계를 나타낸다.[10) 선행절의 사실성이 비관여하는 경우, 해당 중국어 문장은 조건관계 접속문과 선택관계 접속문에 속한다.[11) 양보·결과 접속문에 해당하는 중국어 문장은 대부분의 경우, 선행절의 관련사를 생략할 수 있다. 다만 한국어의 양보·결과 접속문에 해당하는 중국어 구문은 양보적인 조건관계나 양보적인 선택관계 접속문의 경우, 문장에는 이를 나타내는 단어가 없으면 선행절이 사실로 이해될 가능성이 있다. 이런 경우에 선행절의 관련사를 생략하지 않는다.

---

10) '-아도'가 반복적인 조건이나 충분 조건을 나타내는 경우, '-면'과 비슷한 용법을 보인다.

11) 條件관계 관련사의 세부적인 의미관계가 다르다. 예를 들면, '只要……就'는 충분 조건을 나타내며 '如果……也'는 가정적인 조건을 나타낸다. '即使……也'는 양보적인 조건을 나타내며 '无论……都'는 無條件을 나타낸다.

제6장

요약과 전망

　본고에서는 한국어와 중국어의 접속구문, 특히 선·후행절의 관계가 논리 인과 관계인 한국어 접속문과 해당 중국어 구문을 대조하여 살펴보았다. 본고의 주요 연구성과는 다음과 같다.

　제2장에서 우선 한국어와 중국어 접속문의 체계를 대조하였다. 접속문 선·후행절 양쪽의 특성을 고려하여 우선 한국어 접속문 선·후행절의 접속 관계를 시간 관계와 논리 관계 등 두 가지로 나누었다. 시간관계 접속문은 다시 동시, 시간 선후와 시간 후선 관계로 나눌 수 있다. 시간계기, 전환, 상황·발견 접속문의 선행절은 항상 후행절보다 우선 발생하여 시간 선후 관계에 해당하며 목적·시행, 결과·시행 접속문의 후행절 사건은 항상 선행절 사건보다 먼저 시행되어 이는 시간 후선 관계에 해당한다. 선·후행절이 논리 관계를 이루는 접속문은 다시 논리 대등, 상황 보충, 논리 인과 등 세 가지로 나누었다. 나열, 대립, 선택 접속문의 선·후행절은 논리 대등 관계를 이룬다. 상황·보충 접속문의 후행절은 선행절에 대한 보충설명이어서 접속문 선·후행절의 논리관계는

상황 보충으로 보았다. 원인·결과, 조건·결과, 양보·결과 접속문의
선·후행절은 논리 인과 관계를 이룬다고 보았다. 이와 같이 한국어 접
속문의 접속유형을 의미론적 기준에 따라서 모두 13가지로 분류하였다.
그 다음에 9가지로 분류한 중국어 접속 관계의 용법에 대해서 소개하였
고 한국어의 접속 관계와 이에 해당하는 중국어의 접속 관계를 대조하
였다.

　제3장에서 한국어의 원인·결과 접속문과 중국어의 인과관계 접속문
을 통사·의미론적인 면에서 대조 고찰하였다. 한국어의 원인·결과 접
속어미는 주로 '-아서'와 '-니까'가 있다. '-아서'는 통사적인 면에서
'-니까'에 비해 선어말어미와의 결합이나 종결형의 사용에 많은 제약이
보인다. 또 의미론적으로 '-아서'는 실제세계논리를 나타내며 '-니까'는
화자의식논리를 나타낸다. 중국어의 인과관계 접속문은 주로 '因为……
所以', '由于……所以', '既然……就' 등 관련사로 연결된다. 한국어 원
인·결과 접속문은 선행절에서 원인, 후행절에서 결과의 논리 순서를 따
르고 있지만 중국어의 인과관계 접속문은 선행절에서 원인, 후행절에서
결과를 나타내는 서술 순서와 선행절에서 결과, 후행절에서 원인을 나타
내는 서술 순서가 모두 가능하다. 중국어의 '因为……所以', '由于……所
以'로 연결된 접속문에 해당하는 한국어 문장은 모두 원인·결과 접속문
이며 '既然……就'로 연결된 접속문은 경우에 따라 한국어의 원인·결과,
조건·결과, 상황·보충 접속문에 해당된다. 이 밖에 '之所以……是因为'
등으로 연결된 접속문은 한국어의 접속문의 형식으로 표현할 수 없다.
제3장에서는 또한 '-므로', '-기에', '-기 때문에', '-는 이유로', '-는
바람에', '-는 까닭에' 등 원인·결과를 나타내는 기타 접속어미와 의사
접속어미의 용법을 소개하였다.

제4장에서는 한국어의 조건·결과 접속문과 중국어의 조건관계 접속문을 통사·의미론적인 면에서 대조 고찰하였다. 한국어의 조건·결과 접속문은 조건의 각 의미론적 유형에 따라 사실, 비사실과 반사실 조건 세 가지로 나눌 수 있다. 이 중에서 비사실과 반사실 조건 접속문은 중국어의 가정조건 접속문에 해당된다. 사실 조건 접속문 중에서 선행절이 개별사실인 접속문은 중국어의 추론 인과관계 접속문에 해당되며 선행절이 반복적·습관적 사실인 접속문은 중국어의 일반 조건 접속문에 해당된다. 선행절이 일반사실인 접속문은 중국어에서 단문으로 표현해야 한다. 중국어의 조건 접속문은 대부분 한국어 조건·결과 접속문에 해당하며 다만 무조건 접속문은 경우에 따라 한국어의 선택, 양보·결과 접속문에 해당되며 가설 조건 접속문의 일부분은 한국어의 전환관계 접속문에 해당된다.

제5장에서 한국어의 양보·결과 접속문을 해당 중국어 구문과 대조하였다. 한국어 양보·결과 접속문의 선행절이 조건과 선택의 의미를 나타낼 수 있다. 양보·결과 관계 접속문의 후행절에는 선행절에서 가정한 상황으로 인해 추론할 수 있는 결과와 다른 결과가 나타난다. 일부 양보·결과 접속문은 선·후행절에 대립적인 의미를 가지기 때문에 조건·결과 접속문과 구별된다. 또한 양보·결과 접속문은 보조조사의 쓰임, 선·후행절의 대칭성, 선행절의 사실성 여부, 선행절에서 부정대명사의 사용 여부, 후행절은 서술적 발화인지 수행적 발화인지에 따라서 대립관계 접속문과 구별될 수 있다. 한국어 양보·결과 접속문의 선행절은 사실인 경우, 반복적·습관적 사실, 충분 조건과 개별 사실로 나눌 수 있고 각 용법에 해당하는 중국어 구문은 각각 습관적인 조건, 충분 조건, 전환관계에 속한다. 선행절의 사실성이 비관여하는 경우, 해당 중국어

구문은 양보적인 조건, 무조건, 선택관계 접속문에 속한다.

　본고에서는 또한 한국어 접속문에 해당하는 중국어 구문에서 접속 표지의 영형태 현상에 대해서 고찰하였다. 한국어 접속문에서 접속어미는 필수적으로 사용되지만 중국어 접속문에서 접속 표지의 주요 역할은 선·후행절의 의미 관계를 명확하게 하는 것이다. 따라서 중국어 접속문에서 접속 표지가 나타나지 않아도 선·후행절의 의미관계가 명확한 경우, 즉 문장에 의미 변화가 생기지 않거나 문장에 중의성이 없는 경우에 특별히 선·후행절의 의미관계를 강조하지 않으면 접속 표지를 사용하지 않아도 된다. 문장의 발화 배경 등을 통해서 접속 관계를 판단할 수 있는 경우나 구어에서 접속 표지를 생략하는 경우가 많다. 중국어 문장은 속어, 관용어, 반복 및 대구 등 수사 표현이나 사자구조인 경우 접속 표지를 거의 사용하지 않는다. 긴축문에서 접속 표지를 사용할 때도 있지만 사용하지 않을 때가 더 많다.

　본고에서 다룬 원인·결과 접속문에 해당하는 중국어 접속문의 경우, 접속 표지가 종종 생략될 수 있다. 문어에서 정중하고 엄밀한 인과관계를 나타내기 위해 선·후행절에 모두 관련사를 사용하는 경우가 많다. 접속문에서 '因为'나 '所以'만 사용할 수도 있다. '因为'만 사용하면 원인이나 이유를 강조하고 '所以'만 사용하면 결과를 강조한다. 특별히 강조하지 않는 경우나 구어에서는 선·후행절의 관련사를 모두 생략해도 된다. 한국어에서 '-아서'로 연결된 감사, 인사, 사과 표현과 같은 습관용법에 해당하는 중국어는 인과관계 표현을 사용하지 않는다. 중국어의 인과관계 접속문 중에 한국어의 접속문으로 표현할 수 없는 결과·원인의 서술 순서에 따른 접속문에서는 관련사가 생략될 수 없다.

　조건·결과 접속문에 해당하는 중국어 접속문의 경우, 비사실 조건,

반사실 조건인 경우, '如果', '假如' 등 가설 조건을 나타내는 명시적 논리 연결 표지가 필수적으로 사용되며 일반 사실 조건인 경우, 접속구성이 아닌 주술관계가 되어 명시적 논리 연결 표지를 사용하지 못한다. 개별사실과 반복적·습관적 사실인 경우, 접속 표지를 생략할 수 있다.

양보·결과 접속문에 해당하는 중국어 구문은 대부분의 경우 선행절의 관련사를 생략할 수 있다. 다만 선행절은 비사실인 경우, 선행절의 비사실성을 나타내는 단어가 없으면 선행절이 사실로 이해될 가능성이 있다. 따라서 이런 경우에는 선행절의 관련사를 생략하지 않는다.

본고에서는 한국어의 논리 인과 관계 접속문을 해당 중국어 구문과 자세히 대조하였다. 하지만 시간관계나 기타 논리관계 접속문과 해당 중국어 구문에 대한 대조 연구는 또한 앞으로 남은 과제라 할 수 있겠다.

참고문헌

국립국어원(1999), 『표준국어대사전』, 두산동아.
국립국어원(2005), 『외국인을 위한 한국어문법 1, 2』, 커뮤니케이션북스.

강기진(1985), 「국어 접속어미 '-니'와 '-니까'의 연구」, 『국어학』 14, 국어학회.
강기진(1993), 「접속어미 '-므로'의 의미기능」, 『국어국문학』 109, 국어국문학회.
강기진(1994), 「국어의 몇몇 접속어미에 대하여」, 『우리말 연구의 샘터-연산도수
　　　　　　회 선생 화갑기념논총』, 박이정.
강우원(1991), 「우리말 이음씨끝의 분류」, 『우리말연구』 1, 우리말학회.
강충희(1998), 「중한어법중 허사 비교 시론」, 『고려대 논문집』, 고려대학교.
고광주(1999), 「대등 접속문에 대한 재검토」, 『한국어학』 9 : 1, 한국어학회.
고성환(2005), 「한국어 문장의 유형」, 『외국어로서의 한국어학』, 한국방송통신대
　　　　　　학교 출판부.
고영근(1975), 「현대국어의 어말어미에 대한 구조적 연구」, 『응용언어학』 7 : 1,
　　　　　　서울대학교 어학연구소.
고영근(1976), 「현대 국어의 문체법」, 『어학 연구』 12 : 1, 서울대학교 어학연구소
공재석(1985), 『현대중국어어법』, 동화출판공사.
구현정(1989), 「조건월의 화행」, 『국어학』 19, 국어학회.
구현정(1997), 「조건씨끝의 연구사」, 『어문학연구』 5, 상명대학교 어문학연구소.
구현정(2002), 「조건담화와 공손법」, 『언어과학연구』 23, 언어과학회.
권재일(1982), 「어미체계와 통사기술」, 『언어학』 5, 한국언어학회.
권재일(1983), 「현대국어의 접속문 어미 연구」, 『언어학』 6, 한국언어학회.
권재일(1985), 『국어의 복합문 구성 연구』, 집문당.
권재일(1988), 「접속문 구성의 변천양상」, 『언어』 13 : 2, 한국언어학회.
권재일(1989), 「문법 기술에서의 '의미관계'에 대하여」, 『한글』 205, 한글학회.

권재일(1991),「국어 접속문 연구사」,『언어학연구사』, 서울대학교 출판부.

김규식(1909),『대한문법』,『역대한국문법대계』 1 : 5, 탑출판사 재록.

김근수(1947),『중학 국문법책』,『역대한국문법대계』 1 : 71, 탑출판사 재록.

김동언(1999),「개화기 국어 형태」,『국어의 시대별 변천 연구』 4, 국립국어원.

김두봉(1916),『조선말본』,『역대한국문법대계』 1 : 22, 탑출판사 재록.

김두봉(1922),『깁더조선말본』,『역대한국문법대계』 1 : 23, 탑출판사 재록.

김민수(1960),『국어 문법론 연구』, 통문관.

김민수(1962),「주시경의 학술용어」,『한글』 129, 한글학회.

김민수(1969),「국어의 격에 대하여」,『국어국문학』 49 · 50 합병호, 국어국문학회.

김민수(1977),『국어문법론』, 일조각.

김선영(2003),「현대 국어의 접속부사에 대한 연구」,『국어연구』 172, 국어연구회.

김승곤(1978a),「연결형 어미 '-아'에 대하여」,『허웅박사 환갑기념 논문집』, 과
　　　　학사.

김승곤(1978b),「연결형 어미 '-니까', '-아서', '-므로', '-매'의 말쓰임에 대하
　　　　여」,『인문과학논총』 11, 건국대학교 인문과학연구소.

김승곤(1979),「선택형 어미 '-거나'와 '-든지'의 화용론」,『말』 4, 연세대학교
　　　　한국어학당.

김승곤(1981),「한국어 연결형 어미의 의미분석 1」,『한글』 174 · 175 합병호, 한
　　　　글학회.

김승곤(1984),「한국어 이음씨끝의 의미 및 통어 기능 연구 1」,『한글』 186, 한글
　　　　학회.

김승곤(1986),『한국어 통어론』, 아세아 문화사.

김승곤(1988),「조건월 연구」,『교육논총』 9, 건국대학교 교육대학원.

김승곤(1991),『한국어 통어론』, 건국대학교 출판부.

김승곤(1998),『현대국어통어론』, 박이정.

김　옥(1998),「국어 접속문의 생략에 대한 고찰」, 전남대학교 석사학위논문.

김용석(1981),「연결어미 '-는데'에 대하여」,『배달말』 6 : 1, 배달말학회.

김영순(2003),「한중 양국어 부정 구조 대조 연구」, 울산대학교 석사학위논문.

김정대(2006),「어미의 지배 범위에 대한 주시경(1910)의 인식」,『우리말글』 37,
　　　　우리말글학회.

김종록(1993), 「국어 접속문의 통사론적 연구」, 경북대학교 박사학위논문.

김진수(1983), 「가정·조건문과 원인·이유문 고찰」, 『어문연구』 13, 어문연구회.

김진수(1986), 「국어 접속문 연구1-접속문과 내포문과의 관계를 중심으로」, 『어
　　　문연구』 15, 어문연구회.

김진수(1987a), 「국어 접속문 연구」, 충남대학교 박사학위논문.

김진수(1987b), 「'-고, -며, -면서'의 상과 통사제약」, 『국어학』 16, 국어학회.

김진수(1988), 「접속문의 시제 문제1-'-다가'류와 '-려고', '-고자'를 중심으로」,
　　　『언어』 9, 한국언어학회.

김진수(1989), 「국어 접속어미의 분류」, 『언어연구』 6 : 1, 한국현대언어학회.

김진아(2000), 「중국어 관련사어 학습상의 오류문제에 대하여」, 『중국학연구』 1
　　　9 : 1, 중국서적출판사.

김하수(1981), 「한국어의 연결형 어미 '-건대'와 '-거늘', '-기에'와 '-는지라'의
　　　화용론」, 『건대 학술지』 25, 건국대학교.

김홍범(1987), 「'-다면서', '-다고', '-다니'의 구조와 의미」, 『말』 12, 연세대학
　　　교 한국어학당.

김혜경(1996), 「한·일 양국어의 접속표현 형태의 대조 비교」, 경상대학교 석사학
　　　위논문.

김흥수(1977), 「동시구문의 양상」, 『국어학』 7, 국어학회.

남기심(1978), 「'-아서'의 화용론」, 『말』 3, 연세대학교 한국어학당.

남기심·루코프(1983), 「논리적 형식으로서의 '-니까' 구문과 '-어서' 구문」, 『국
　　　어의 통사·의미론』, 탑출판사.

남기심(1985), 「접속어미와 부사형 어미」, 『말』 10, 연세대학교 한국어학당.

남기심(1994), 『국어 연결어미의 쓰임』, 서광학술자료사.

남기심·고영근(1993), 『표준국어문법론』, 탑출판사.

남승호(1985), 「국어의 접속문 구성과 양상에 대하여」, 서울대학교 석사학위논문.

노동선(1976), 「중국어발음교육의 방안」, 『중국연구』, 한국외국어대학교 중국문제
　　　연구소.

노명주(2002), 「현대 중국어 피동문 연구」, 한국외국어대학교 석사학위논문.

리의도(1990), 『우리말 이음씨끝의 통시적 연구』, 어문각.

마홍염(2004), 「한국어와 중국어의 시간표현 요소 대조 연구」, 연세대학교 석사학

위논문.

박건영(1994), 「중국어의 파자구 연구」, 연세대학교 박사학위논문.

박승윤(1988), 「국어의 조건문에 관하여」, 『언어』 13 : 1, 한국언어학회.

박태윤(1948), 『중등국어문법』, 『역대한국문법대계』 1 : 73, 탑출판사 재록.

방동진(2005), 「학교 문법 국어 복합문 체계 연구」, 경희대학교 석사학위논문.

백낙천(2001), 「종합형 접속어미를 구성하는 형태소와 의미 연구」, 『어문연구』 111, 한국어문교육연구회.

백봉자(1980), 「연결어미 '-느라고', '-느라니까', '-느라면'의 의미와 기능」, 『말』 5, 연세대학교 한국어학당.

송석중(1976), 「On an Abbreviation Phenomenon in Korean」, 『언어』 1 : 2, 한국언어학회.

송엽휘(2008a), 「한국어의 '-면' 구문과 중국어의 해당 구문 대조 연구」, 『이중언어학』 36, 이중언어학회.

송엽휘(2008b), 「한중 인과관계 접속문 대조연구」, 『한국학연구』 18, 인하대 한국학연구소.

송엽휘(2008c), 「한중 접속문 대조 연구」, 인하대학교 박사학위논문.

서성교(1998), 「한국어 접속어미 '-니까'의 인지, 화용론적 연구 시론」, 『언어학』 6 : 2, 대한언어학회.

서정목(1984), 「후치사 '-서'의 의미에 대하여」, 『언어』 9 : 1, 한국언어학회.

서정수(1971), 「국어의 용언 어미 '-아서'」, 『한글학회 50돌 기념논문집』, 한글학회.

서정수(1988), 「어미 '-게'와 '-도록'의 대비 연구」, 『말』 13, 연세대학교 한국어학당.

서정수(1994), 『국어문법』, 뿌리 깊은 나무.

서정수(1995), 『현대 한국어 문법연구의 개관』, 한국문화사.

서태룡(1979a), 「내포와 접속」, 『국어학』 8, 국어학회.

서태룡(1979b), 「국어접속문에 대한 연구」, 『국어연구』 40, 국어연구회.

서태룡(1988), 『국어 활용어미의 형태와 의의』, 탑출판사.

성기철(1972), 「어미 '-아'와 '-고'의 연구」, 『국어교육』 18-20 합병호, 한국국어교육연구회.

성낙수(1978), 「이유, 원인을 나타내는 접속문 연구 2」, 『한글』 162, 한글학회.

성선월(2001), 「한국어의 조건표현 어미에 교육에 대한 연구 : 중국인을 위한 한
　　　　국어 교육을 위하여」, 서울대학교 석사학위논문.
성원경(1988), 「한중어법비교고」, 『건국대 인문과학논총』 20, 건국대학교 인문과
　　　　학연구소.
성진선(2002), 「외국인을 위한 한국어 교육의 연구 : 연결어미를 중심으로」, 창원
　　　　대학교 석사학위논문.
안명철(1985), 「보조조사 '-서'의 의미」, 『국어학』 14, 국어학회.
안명철(1990), 「국어의 융합 현상」, 『국어국문학』 103, 국어국문학회.
안명철(1992), 「현대국어의 보문연구」, 서울대학교 박사학위논문.
안명철(1998), 「동사구 내포문」, 『문법 연구와 자료』, 태학사.
안명철(2001), 「부사어 범주의 체계화를 위하여」, 『어문연구』 111, 한국어문교육
　　　　연구회.
안주호(1999), 「연결어미 '-기에 / -길래'의 특성과 형성 과정」, 『담화와 인지』
　　　　6 : 6, 담화·인지언어학회.
안주호(2006), 「현대국어 연결어미 '-니까'의 문법적 특성과 형성과정」, 『언어과
　　　　학연구』 38, 언어과학회.
안찬원(2001), 「국어 조건관계 연결어미의 의미계층구조 연구」, 연세대학교 석사
　　　　학위논문.
양명희(1998), 『현대국어 대용어에 대한 연구』, 태학사.
양인석(1972), 「한국어의 접속화」, 『어학연구』 8 : 2, 서울대학교 어학연구소.
왕　단(2007), 『중국어권 학습자를 위한 한국어 형용사 교육 연구』, 태학사.
왕문용·민현식(1993), 『국어문법론의 이해』, 개문사.
왕문용(1997), 「대등접속문은 국어에 과연 있는가」, 『어문학보』 20, 강원대학교
　　　　국어교육과.
왕정춘(2003), 「중국인을 위한 한·중 대조분석」, 연세대학교 석사학위논문.
우형식(1996), 「접속 기능의 명사구」, 『국어 문법의 탐구Ⅲ-국어 통사론의 문제
　　　　와 전망』, 태학사.
유길준(1909), 『대한문전』, 동문관.
유동준(1980), 「한국어의 접속화 연구-접속어미 '-니까'의 화용론」, 『연세어문학』
　　　　13, 연세대학교.

유목상(1970), 「접속어에 대한 고찰」, 『한글』 146, 한글학회.

유목상(1984), 「활용체계를 통해 본 연결 서술형 어미 연구」, 단국대학교 박사학위논문.

유목상(1985), 『연결 서술어미 연구』, 집문당.

유현경(1986), 「국어 접속문의 통사적 특질에 대하여」, 『한글』 191, 한글학회.

유현경(2002), 「부사형 어미와 접속어미」, 『한국어학』 16, 한국어학회.

윤평현(1988), 「국어 대립 접속어미에 대한 연구」, 『한글』 200, 한글학회.

윤평현(1989), 『국어의 접속어미 연구』, 한신문화사.

윤평현(2002), 「한국어 접속어미의 의미」, 『한국어학』 17, 한국어학회.

윤평현(2005), 『현대국어 접속어미 연구』, 박이정.

이관규(1992), 『국어 대등 구성 연구』, 서광학술자료사.

이광호(1980), 「접속어미 '-면'의 의미기능과 그 상관성」, 『언어』 5 : 2, 한국언어학회.

이광호(1983), 「후기 중세국어의 종결어미 '-다 / -라'의 의미」, 『국어학』 12 : 1, 국어학회.

이건원(1983), 「한국어 논리적 연결어 소고」, 『어학연구』 19 : 1, 서울대학교 어학연구소.

이건원(1984), 「문장 접속 연구」, 『어학연구』 20 : 3, 서울대학교 어학연구소.

이경우(1988), 「접속어미 연구-주시경, 김두봉, 최현배의 연구 비교」, 『새국어연구』 44, 국어교육연구회.

이경호(2000), 「현대국어 접속문의 통시적 변화 양상」, 『현대국어의 형성과 변천』 2, 박이정.

이규호(2006), 「접속조사의 분류와 목록」, 『우리말글』 37, 우리말글학회.

이규희(1983), 「동의적 연결어미의 구문상 제약」, 『말』 8, 연세대학교 한국어학당.

이기동(1977), 「대조 양보의 접속어미의 의미 연구」, 『어학연구』 13 : 2, 서울대학교 어학연구소.

이기동(1979), 「연결어미 '-는데'의 화용상의 기능」, 『인문과학』 40, 연세대학교 인문학연구소.

이동혁(2001), 「'만약'의 의미와 연결 구성에 대하여」, 『어문논집』 44, 민족어문학회.

이상복(1978), 「국어의 연결어미에 대하여-'-아서'를 중심으로」, 『말』 3, 연세대학교 한국어학당.

아상복(1981), 「'-아서, -니까, -느라고, -므로'에 대하여」, 『배달말』 5, 배달말학회.

이상대(1996), 「한중 대조 연구에 대한 통시적 고찰」, 『중국연구』 18, 한국외국어대학교 중국연구소.

이상태(1977), 「'-면'무리 이음월에 대하여」, 『배달말』 2, 배달말학회.

이상태(1988a), 「국어 접속어미 연구」, 계명대학교 박사학위논문.

이상태(1988b), 「접속문의 통사 현상에 관한 연구」, 『국어교육연구』 20, 국어교육학회.

이상태(2000), 「국어 접속문의 통사구조 연구」, 『국어교육연구』 32, 국어교육학회.

이　설(2006), 「한국어와 중국어 접속문의 표현 방식에 대한 대조 연구」, 연세대학교 석사학위논문.

이수련(1999), 「조건월의 인지론적 해석」, 『우리말연구』 9, 우리말학회.

이　숙(1985), 「연결어미 '-느라고'의 의미적, 통사적 분석」, 『말』 10, 연세대학교 한국어학당.

이숭녕(1961), 『고전문법』, 을유문화사.

이원표(1999), 「인과관계 접속표현」, 『언어』 24 : 1, 한국언어학회.

이은경(1990), 「국어의 접속어미 연구」, 『국어연구』 97, 국어연구회.

이은경(1996), 「접속문의 독립성과 의존성에 대하여」, 『인문논총』 36, 서울대학교 인문학연구소.

이은경(1998), 「접속어미의 통사」, 『문법 연구와 자료』, 태학사.

이은경(2000), 「국어의 연결어미 연구」, 『국어학총서』 31, 태학사.

이익섭(2003), 『국어 부사절의 성립』, 태학사.

이익섭·임홍빈(1983), 『국어문법론』, 학연사.

이익섭·채완(1999), 『국어문법론강의』, 학연사.

이정민(1974), 『Abstract syntax and Korean with refrence to English』, 범한서적.

이정민(1979), 「한국어 조건 원인 구문의 통사론과 의미론」, 『한국학 국제학술회의 논문집』 1, 한국정신문화연구원.

이종철(1988), 「국어 조건 접속문 연구」, 서울대학교 석사학위논문.

이종철(1997), 「조건 접속어미 '-어야'의 화용론적 연구」, 『국어교육』 94, 한국국어교육연구회.

이지양(1996), 「인용구문의 융합」, 『인문과학연구』, 가톨릭대 인문과학연구소.

이창덕(1988), 「'더'에 관한 문제」, 『말』 13 : 1, 연세대학교 한국어학당.

이창용(1984), 「연결어미 '-거든'의 의미적·통사적 분석」, 『국어교육』 49·50 합병호, 한국국어교육연구회.

이해영(1989), 「'-거든'의 부사절 형성과 문종결에 대한 연구」, 이화여자대학교 석사학위논문.

이홍배(1970), 『A Study of Korean Syntax』, 범한서적.

이현우(1986), 「현대국어의 접속의 양상에 대한 연구」, 『국어연구』 70, 국어연구회.

임은하(2002), 「현대국어의 인과관계 접속어미 연구」, 서울여자대학교 박사학위 논문.

임지룡(1982), 「상대성 접속어미 연구」, 『동양문화연구』 9, 경북대학교 동양문화 연구소.

임홍빈(1975), 「부정법 '-어'와 상태 진술 '-고'」, 『국민대학 논문집』 8, 국민대 학교.

임홍빈·장소원(1995), 『국어문법론1』, 한국방송대학교 출판부.

장경희(1993), 「{-니까}의 의미와 그 해석-{-어서}와 대비하여」, 『선청어문』 21, 서울대학교 국어교육과.

장경희(1995a), 「조응표현」, 『국어연구 어디까지 왔나』, 동아출판사.

장경희(1995b). 「국어 접속어미의 의미 구조」, 『한글』 227, 한글학회.

장의원(1999), 『기초중국어번역』, 신성출판사.

장현주(2006), 「중-한 번역의 논리 연결 연구」, 한국외국어대학교 박사학위논문.

전혜영(1983), 「가정조건문 연구」, 『이화어문논집』 6, 이화어문학회.

전혜영(1984), 「접속어미 '-다면'의 의미기능-접속어미 '-면'과의 비교를 중심 으로」, 『이화어문논집』 7, 이화어문학회.

전혜영(1989), 「현대 한국어 접속어미의 화용론적 연구」, 이화여자대학교 박사학 위논문.

정기엽(1976), 「한자의 한국음과 중국음과의 비교」, 『중국연구』, 한국외국어대학 교 중국문제연구소.

정인승(1949), 『표준 중등말본, 역대한국문법대계』 1 : 79, 탑출판사.

정정덕(1986), 「국어 접속어미의 의미·통사론적 연구」, 한양대학교 박사학위논문.
주시경(1910), 『국어문법』, 『주시경전서』 3, 탑출판사 재록.
주시경(1913), 『조선어문법』, 『주시경전서』 3, 탑출판사 재록.
진정란(2002), 「학습자 중심으로 본 이유의 연결표현」, 『한국어 교육을 위한 한국어 문법론』, 한국문화사.
채숙희(2002), 「연결어미 상당의 명사구 보문 구성 연구」, 『국어연구』 170, 국어연구회.
채연강(1985), 「현대 한국어 연결어미에 대한 연구」, 성균관대학교 박사학위논문.
채영희(1998), 「담화에 쓰이는 '-거든'의 화용적 기능」, 『한국어 의미학』 3, 한국어의미학회.
채영희(2000), 「조건월의 화용적 특성」, 『우리말연구』 10, 우리말학회.
최근영(1987), 「국어의 접속어미 연구」, 한양대학교 석사학위논문.
최동진(1996), 「이음씨끝 '-니'와 '-니까'에 대하여」, 『국어국문학』 33, 부산대학교 국어국문학과.
최순희(2005), 「한중연어연구」, 인하대학교 박사학위논문.
최재희(1989), 「국어 접속문의 구성에 관한 연구」, 성균관대학교 박사학위논문.
최재희(1997), 「국어 종속접속의 통사적 지위」, 『한글』 238, 한글학회.
최현배(1937), 『우리말본』, 정음사.
한 길(1991), 『국어 종결어미 연구』, 강원대학교 출판부.
한동완(1996), 「국어의 시제 연구」, 『국어학총서』 24, 태학사.
허 벽(1991), 「한중어휘비교연구」, 『동방학지』 68, 연세대학교 국학연구원.
허 웅(1983), 『국어학－우리말의 오늘, 어제』, 샘 문화사.
허재영(1996), 「이음씨끝과 이은문 연구의 흐름」, 『한국어 토씨와 씨끝의 연구사』, 박이정.

古漢語常用字字典(1998), 商務印書館.
現代漢語虛詞例釋(1982), 商務印書館.
白蓮花(2007), 「韓語表示從屬關系連接詞尾与漢語對比研究」, 吉林大學碩士學位論文.
曹逢甫 著, 王靜 譯(2005), 漢語的句子与子句結构, 北京語言大學出版社.

車光一(1984),「現代朝鮮音韻体系對比」, 朝鮮語學論文集.

程　工(1999), 語言共性論, 上海外語教育出版社.

成燕燕(2008),「漢語与哈薩克語被動句類型學比較」, 中央民族大學學報 181.

儲澤祥(2005),「'十五'期間的現代漢語語法研究」, 漢語學習 2005：1.

崔奉春(1989),「朝漢語語彙對比」, 延邊大學出版社.

丁　力(2006),「夏句三分系統分類的心理依据」, 漢語學報總 15.

丁志叢(2008),「有標轉折夏句的關聯標記模式及相關解釋」, 求索 2008：12.

葛　林(2005),「我國語言對比研究的新發展：十年回眸」, 外語學刊 124.

郭燕妮(2008),「漢語轉折夏句研究綜述」, 長江大學學報 31：2.

何　容(1942), 中國文法論, 商務印書館.

金立鑫(2006),「語言類型學－当代語言學中的一門顯學」, 外國語 5.

黎錦熙(1924), 新著國語文法, 商務印書館.

李漢威(1998),「簡論划分漢語單夏句的標准」, 華中師范大學學報 4.

李　敏(2001),「漢語夏句理論的發展軌迹」, 烟台師范學院學報 18：3.

李　敏(2008),「'十五'以來漢語夏句研究的新進展」, 魯東大學學報 25：3.

李　泉(2002),「從分布上看副詞的分類」, 語言研究 47.

李靭之(2008),「類型學及其理論框架下的語言比較」, 解放軍外國語學院學報 31：1.

李曉琪(2005), 現代漢語虛詞講義, 北京大學出版社.

連淑能(1993), 英漢對比研究, 高等教育出版社.

劉楚群(2002),「'因爲'和'由于'差异初探」, 安徽教育學院學報 20：1.

劉丹青(2003),「語言類型學与漢語研究」, 世界漢語教學 2003：4.

劉月華・潘文娛・顧玮(1982), 實用現代漢語語法, 外研社.

盧曼云(1987), 現代漢語語法問題, 浙江教育出版社.

陸儉明(2003), 現代漢語語法研究教程, 北京大學出版社.

陸儉明・馬眞(1999), 現代漢語虛詞散論, 語文出版社.

呂叔湘・朱德熙(1952), 語法修辭講話, 中國靑年出版社.

呂叔湘(1980), 現代漢語八百詞, 商務印書館.

呂叔湘(1984),「現代漢語單双音節問題初探」, 漢語語法論文集, 商務印書館.

馬建忠(1898), 馬氏文通, 上海：商務印書館(1898), 北京：商務印書館(1983) 再版.

馬淸華(2003),「關連成分的語法化方式」, 中央民族大學學報 148.

馬　眞(2004), 現代漢語虛詞硏究方法論, 商務印書館.

朴愛華(2009), 「漢韓目的夏句對比」, 延邊大學碩士學位論文.

齊滬揚·張誼生·陳昌來(2002), 現代漢語虛詞硏究綜述, 安徽教育出版社.

錢乃榮(2001), 現代漢語, 江蘇教育出版社.

全立波(2004), 「現代漢語夏句硏究述評」, 株洲師范高等專科學校學報 9：6.

權奇英(1984), 「朝鮮語過去時詞尾与漢語助詞'了'的比較」, 延邊大學學報.

任惠淑(2009), 「漢韓讓步夏句對比」, 延邊大學碩士學位論文.

邵敬敏(2000), 現代漢語通論, 上海教育出版社.

邵敬敏(2007), 「建立以語義特征爲標志的漢語夏句敎學新系統芻議」, 世界漢語敎學.

宋作艷·陶紅印(2008), 「漢英因果夏句順序的話語分析与比較」, 漢語學報 24.

孫洪花(2009), 「漢韓條件夏句對比」, 延邊大學碩士學位論文.

王　力(1944), 中國語法理論, 商務印書館.

王維賢·張學成·盧曼云·程怀友(1994), 現代漢語夏句新解, 華東師范大學出版社.

王　偉(2004), 「試論現代漢語口語中'然后'一詞的語法化」, 北京第二外國語學院學報 122.

王　勇(2009), 「論語言類型學硏究中的解釋」, 解放軍外國語學院學報 32：1.

王振來(2002), 「關連詞語的經絡連接功能」, 大連民族學院學報 4：2.

吳春相(2009), 「当代語言類型學視野下的漢語硏究方法論」, 東疆學刊 26.

吳中偉(1995), 「關連副詞在周邊性主語之前」, 漢語學習 1995：3.

吳中偉(1998), 「主述結構和關連副詞的句法位置」, 華中師范大學學報 1998：2.

謝　蓓(2006), 「對夏句分類硏究的回顧与思考」, 重慶科技學院學報 6.

邢福義(1986), 現代漢語, 高等教育出版社.

邢福義(1987), 「夏句的分類」, 句型和動詞, 語文出版社.

邢福義(2001), 漢語夏句硏究, 商務印書館.

邢福義(2002a), 漢語語法三百問, 商務印書館.

邢福義(2002b), 「夏句問題論說」, 現代漢語通論參考文獻精選, 上海教育出版社.

徐糾糾(1998), 「夏句硏究与修辭結構理論」, 外語教學与硏究.

徐陽春(2002), 現代漢語夏句句式硏究, 中國社會科學出版社.

許維翰(1978), 「漢朝語音對比初探」, 語言教學与硏究.

嚴　夏(1904), 英文漢詁, 商務印書館.

楊伯峻·何樂士(1992), 古漢語語法及其發展, 北京：語文出版社.

楊榮祥(1997), 「近代漢語副詞研究」, 北京大學博士學位論文.

姚双云(2008), 夏句關系標志的搭配研究, 武漢：華中師范大學出版社.

張宝林(1996a), 「關連副詞的范圍及其与連詞的區分」, 語言教學与研究 1996：1.

張宝林(1996b), 「連詞的再分類」, 語言教學与研究 1996：1.

張斌·張誼生(2000), 現代漢語虛詞, 華東師范大學出版社.

張春泉(2002), 「≪孟子≫中表條件結果關系的關連詞語」, 南京師范大學文學院學報 2002：4.

張　靜(1986), 新編現代漢語, 上海敎育出版社.

張興權(1984), 「朝鮮語和漢語詞匯對比」, 中央民族學院學報 1984：2.

張誼生(1996), 「現代漢語副詞'才'的句式与搭配」, 漢語學習 1996：3.

張誼生(2000), 「現代漢語副詞的性質、范圍和分類」, 語言研究 39.

鄭玉榮(2009), 「韓國留學生漢語條件夏句習得研究」, 吉林大學碩士學位論文.

周　剛(2002), 連詞与相關問題, 安徽敎育出版社.

周　靜(2004), 「現代漢語遞進夏句研究回眸与范疇化思考」, 西南民族大學學報 25：6.

周　靜(2007), 「現代漢語漸進范疇研究」, 中國傳媒大學出版社.

周小兵·朱其智(2006), 對外漢語敎學習得研究, 北京大學出版社.

朱德熙(1982), 語法講義, 商務印書館.

石綿敏雄·高田誠 저, 吳美寧 역(2004), 대조언어학, 일본：おうふう社.

Allwood Jens, Andersson, Lars Gunnar, Dahl Osten(1997), *Logic in Linguistics*, Cambridge Univ. Press.

Biq, Yung-O.(1995), 'Chinese causal sequencing and yinwei in conversation and press reportage'. *Berkeley Linguistic Society 21*.

Chestman,Andrew.(1998), *Contrastive Functional Analysis*, Amsterdam / Philadelphia： John Benjamins Publishing Company.

Comrie Bemard(1986), *Conditionals : A Typology, in Traugott.E.C. etal.(eds.)*.

Ford, Cecilia E. & Junko Mori.(1994), 'Causal markers in Japanese and English conversations : A crosslinguistic study of interactional grammar'. *Pragmatics 1994-1*.

Haiman John(1978), 'Conditionals are topics', *Language 54-3*.

Hume David(1980), *A Treatise of Human Nature*, Oxford : Oxford Univ. Press.

Itsuki Koya(1992), *Subjecthood and related notions : a contrastive study of English, German and Japanese*, Berlin : Birkhäuser.

Krzesozowski,Tomasz,P.(1990), *Contrasting Languages : The Scope of Contrastive Linguistics*. Berlin and New York : Mouton de Gruyer.

Li.Charles N. & SandraA.Thompson(1981), *Mandarin Chinese : A Functional Reference Grammar*, Berkeley and Los Angeles : University of California Press.

Shin,S.Ch(1987), '*A Unifying Theory of Topic, Conditional and Relative Constructions in Korean : A Case for Archimorpheme across Syntactic Categories,*' Doctoral dissertation, The University of Michigan.

저 자 **송엽휘**(宋曄輝)

중국 길림대학교 한국어학과 졸업
문학박사(인하대학교), 국어학 전공
현재 중국 소주대학교 한국어학과 재직

주요 논저
「한국어 문장 주성분의 기본어순 연구」
「『월남망국사』의 번역 과정에 나타난 제문제」
「한국어 접속어미 '-면' 구문과 중국어의 해당구문 대조 연구」
「한·중 인과관계 접속문 대조연구」
「언어유형론을 활용한 한·중 번역 교육 방안」
『역주 『월남망국사』』(공저) 등이 있음.

한·중 접속문 대조 연구
— 논리 인과 접속문을 중심으로

초판 인쇄 2011년 8월 2일 | **초판 발행** 2011년 8월 9일
지은이 송엽휘
펴낸이 이대현 | **편집** 권분옥
펴낸곳 도서출판 역락 | **등록** 제303-2002-000014호(등록일 1999년 4월 19일)
주소 서울시 서초구 반포 4동 577-25 문창빌딩 2층
전화 02-3409-2058(영업부), 2060(편집부) | **팩시밀리** 02-3409-2059
전자우편 youkrack@hanmail.net
ISBN 978-89-5556-931-5 93700

정가 15,000원
■잘못된 책은 교환해 드립니다.